技师学院教育实践研究丛书

技师教育
多元理念与实践

任惠霞　任秋君　张智琴　主编

中国劳动社会保障出版社

图书在版编目（CIP）数据

技师教育多元理念与实践 / 任惠霞，任秋君，张智琴主编．-- 北京：中国劳动社会保障出版社，2019

ISBN 978-7-5167-4239-6

Ⅰ．①技…　Ⅱ．①任…　②任…　③张…　Ⅲ．①职业教育 - 师资培养 - 文集　Ⅳ．① G715-53

中国版本图书馆 CIP 数据核字（2019）第 277734 号

中国劳动社会保障出版社出版发行

（北京市惠新东街 1 号　邮政编码：100029）

*

北京市艺辉印刷有限公司印刷装订　新华书店经销

787 毫米 × 1092 毫米　16 开本　18 印张　223 千字

2019 年 12 月第 1 版　2019 年 12 月第 1 次印刷

定价：45.00 元

读者服务部电话：（010）64929211/84209101/64921644

营销中心电话：（010）64962347

出版社网址：http://www.class.com.cn

主编简介

任惠霞：广州市交通技师学院院长，人力资源和社会保障部课程研究中心课程研究员、广东省教材研究专业组专家、全国职业核心能力优秀院长、自动控制高级讲师、维修电工高级技师。具有30年职业教育工作经历，对职业教育有着深刻的认识和研究：主持完成“技师培养模式研究”“国家示范性数字化资源共建视频公开课程”“专业建设机制与体系研究”“校企双制一体化课程体系构建与实施”“对接世赛标准的汽车专业群建设研究”“技工教育内部质量管理”等十多个部、省、市级课题，多次获得省、市级表彰。2007年率先全面推行一体化教学，全面推进校企双制办学，实现校企深度产教融合。倡导人文与技能并重多模式培养学生技能与职业素养，关注学生终身职业发展。积极构建职业院校高质量发展体系建设，取得丰硕成果。

任秋君：硕士，知识产权资深高级工程师，企业专利代理、无形资产评估和技术经纪人，曾就职于中国石油化工集团总公司茂名石化公司，现就职于广州市交通技师学院，著有《高技能教育》《大国工匠研究》《职业生涯规划与就业指导项目化教程》等多部著作，主持多项省、部级政府科研计划项目研究，获得多项省、部级政府科技奖励，获得多项国家发明专利，发表学术论文十余篇，学术论文曾被国际著名情报机构收录，广东省知识产权维权援助和评审专家、广州市政府科技项目评审专家，硕士研究生论文导师。

张智琴：毕业于武汉理工大学物流管理专业，管理学学士，广州市交通技师学院讲师，广东省技术能手、广州市高层次人才青年后备人才、2016年广州市技工院校能工巧匠。长期从事专业教学教研、技能竞赛指导工作，承担过多项教改和专业建设项目，主持、参与多项市级课题研究项目，发表论文多篇，参与、指导各级各类技能竞赛，累计获奖十余项。

内容简介

本书精选了25位教师赴境外研修培训的学习内容和心得体会，围绕当今国内外主流职业教育先进理念，以职业院校一线基层教师的视角，总结描述了美国、加拿大、英国、德国、新西兰、日本和新加坡等职业教育发达国家和我国香港、台湾两个地区的职业技术学院及职业教育培训机构的实际学习情况。书中的内容丰富多彩、活动形式多样，为职业院校的创新发展带来了一股清流，极大地开阔了教师们的职业教育视野，更好地把国内外先进职业教育理念融入教学设计中，提高了教师教学技能和实践技能，实现在多元文化中体验、在体验中认知建构、在认知建构中成才的教学目标，增强教师核心能力以及交流能力。

本书适合职业教育院校管理者、教师、学生，特别是各地职业教育研究机构、培训机构的有关教师阅读。

目　录

总　序

任惠霞

百年大计，教育为本；教育大计，教师为本。广州市交通技师学院建校40年来，一直注重师资队伍建设，坚持教师是学校发展的第一资源、树立“办学质量根本上是教师质量”的办学理念，全方位培养和打造一支高素质的“一体化”师资队伍，这是我校能够建设成为国家重点技工院校和国家中等职业教育改革发展示范学校的最宝贵人力资源保障。

他山之石，可以攻玉。我校在师资队伍的建设和培养方面，认真贯彻落实《国务院关于加强教师队伍建设的意见》和《广东省人民政府关于全面实施“强师工程”建设高素质专业化教师队伍的意见》有关精神，坚持人才培养服务于广东产业集群式发展的规律特点和广州城市功能定位，坚持开展教师“走出去、引进来”的境外研修培训，在加强技工教育交流、提高合作水平方面，探索出一条具有交通特色的常态化、规范化路径，制订内容精准对接专业和教学需求的教师境外研修培训计划。根据计划安排，近10年来共有98位教师分别到10个典型的职业教育发达国家，以及我国香港、台湾地区进行研修培训。根据交通领域技工院校的办学特点，派出培训的教师都是汽车制造、交通运输与服务、物流与商贸、计算机、机电装备和信息技术等专业的骨干教师，派出地集中在欧美、亚洲的职业教育发达国家，以及我国港澳台等职业教育理念相对先进的省、地区。这些骨干教师通过实地考察和学习，并结合在教学实践中的经验和遇到的问题与困惑，在执教理念、管理理念、专业知识和技能方面都得到了拓宽和提高，开阔了视野。他们将学习所得融会贯通在实际教学和管理过程中，从而进一步提升了我校教学和教研水平。实践证明，作为现代技工院校的教师，他们不仅要能够带学生实训、实操和实践，更需要有先进的职业教育理论做指导。安排教师到境外研修培训，接受先进的教学理念和方法，能够打造一支德、技、艺兼修的高素质教师队伍。

《技师教育多元理念与实践》是我校建校40周年校庆丛书——“技师学院教育实践研究丛书”的重要组成部分，其主要目标和内容是系统地编撰和收集我校教师境外研修培训成果，梳理近10年来教师境外研修培训的心得体会，结合职业教育的理论和实践经验，为技工院校借鉴学习先进职业教育理念和方法提出实践建议。另外，也促进了他们的研修培训形成书面成果供相关院校师生乃至主管部门参考。《技师教育多元理念与实践》分为三篇，内容涵盖了宏观层面的职业教育体制、机制领域，中观层面的办学、人才培养领域，以及微观层面的专业建设、校企合作、教学实践、课程开发、师资队伍建设、教育评价体系、技能竞赛、职业教育文化建设和教育管理等方方面面。尤其可贵的是他们在实地调研中分析了走访地形成其独特职业教育体系的历史沿革和发展趋势，探索了经济社会和现代产业体系发展对技工教育的导向性作用，从而分析和研究了加快推进具有国际水平的现代技工教育体系建设的发展方向和工作思路。通过对我校职业教育的实际情况与境外职业教育的分析对比，结合广州市的知识经济时代在产业转型升级、构建现代产业体系、推动产业高端化发展带来的现实挑战，提出了将来技工教育发展的建设性意见和建议。需要特别提到的是，结合我校目前正在开展的一体化课程体系改革和现代学徒制的课程体系改革工作,《技师教育多元理念与实践》一书的大量篇幅集中在德国、英国、美国等欧美发达国家，尤其是德国的“双元”制和英国的现代“学徒”制，对我校开展的教改工作具有较强的批判借鉴意义。

广州市交通技师学院40年的技工教育取得了辉煌的成绩，但是成绩来之不易。在40年校庆这个特殊的时间节点上展望未来，我校的发展更让人期待。挖掘、整理、提炼并组织编写“技师学院教育实践研究丛书”，认真总结办学经验和成绩，形成完整的教书育人体系是这项工作的主要目的。只有好好总结40年办学经验，以深厚的文化底蕴，才能引领学校未来发展更上一个台阶、走向辉煌。整理和汇编10年来的研修培训的成果本身是一项具有挑战性的工作，考虑到每册图书在系统化、理论化以及在丛书中统一中心思想的要求，需要在我校浩繁的出境研修培训文章中进行部分精选。这个甄选与取舍的过程也是痛苦的，加之编写组人员水平有限，难免出现疏漏和不足，欢迎读者和专家批评指正，以利于今后进一步改进和完善。

任惠霞

2019年7月

总　论

任秋君

黉门四十载　特色育人才

如果以 2018 年为时间节点回望的话，广州市交通技师学院的故事要从 1978 年说起，弹指一挥间，我们建校已经 40 周年了。

从建校的那一天起，我们就在奋斗。40 年如一日，努力把这所学校办好。

明镜所以照形，古事所以知今。我们在这个时间节点上，以编撰丛书的方式纪念建校 40 周年，就是要以史为鉴、面向未来，在新的起点上，谋划学校发展，让学校越办越好、路越走越宽，踏石留印、抓铁有痕，其意义深远。

一、别样的校庆

2018 年 7 月，校长在办公室和我说：“今年是学校建校 40 周年。”我马上接着说：“好事啊，想怎么庆祝呢？”校长说：“30 周年校庆时隆重地庆祝了一次，这次不想大搞，想把这几年来的成果提炼一下，汇编成书。”我说：“行！让我想想，回去拟个方案，再给校长看看是否可行。”

从校长办公室出来，我已经意识到这是一个创新的校庆方式，打破以往热热闹闹的校庆活动形式，内敛而不失风范、低调而不失庄严，我们学校应该抓住改革开放40周年这个契机，突出重点和内容，搞一个不一样的校庆。我顺着校长谈话的思路，没过几天就拟好了一个行动方案，并得到了校长的高度认可。

2018年暑假回来，9月3日，校长亲自召集相关人员开会，强调指出：今年是我们国家改革开放40周年，在这个重要时刻，学校迎来了建校40周年。我们要抓住这个历史性发展机遇，及时总结和反思我们学校40年来的实践经验，尤其是近6年我们学校的教学成果，进一步提高学校教学质量，培养高技能人才。40周年校庆目标明确、意义重大。这次会议初步拟订“技师学院教育实践研究丛书”的形式和内容，决定成立“建校40周年丛书编撰及技师学院教育实践研究”课题组，正式开展丛书编撰及相关研究工作。

以丛书及课题的形式纪念我校建校40周年，是一个很好的创新举措。以书为载体、以课题为导向，系统总结办学经验和办学成绩，传承发扬交通专业领域的“行者精神”，让一代代交通人薪火相传，实现学校提出的人才培养目标，其教育之功能，善莫大焉。如古人言：“善学者，师逸而功倍，又从而庸之。”

建校40周年，正好是我们国家改革开放40周年，40年来我们国家取得了举世瞩目的成就。从我们学校建校40年的发展历程看，也从另一个侧面见证了改革开放40周年的发展历程，见证了我们国家在职业教育领域的发展壮大。我校从初办只有一个“汽车维修”专业发展到今天，已经设置30多个专业。昔日的校园由只有一个汽车维修车间，只有88名学生，逐步发展到现在在校生近万人，建设成为国家中等职业教育改革发展示范学校。学校从无到有、从小到大、从大到强，也是我国改革开放40年的一个缩影。如今的广州市交通技师学院，美丽的校园在蓝天白云的映照下熠熠生辉，显得更加美丽壮观（见图0-1）。

图0-1 广州市交通技师学院

二、滋兰树蕙满庭芳

1. 树立有特色的人才培养目标

要办好一所技工院校，首先要忠诚于党的教育事业，全面贯彻党的教育方针，培养德智体美劳全面发展的社会主义建设者和接班人，着重培养创新型、复合型、应用型人才。作为一所公办技工院校，从培养学生的角度看，与其他普通教育类型的学院有不同的人才培养目标："建设知识型、技能型、创新型劳动者大军，弘扬劳模精神和工匠精神，营造劳动光荣的社会风尚和精益求精的敬业风气。"

2. 按照国家制定的标准来办学

我校经过40年的建设，已经成为国家重点技工院校、国家中等职业教育改革发展示范学校，同时我校是依托交通行业办起来的学校，必须具有鲜明的办学特色和独特的文化基因。因此，学校提出了"人文与技能并重，专业能力与职业素养并举"的人才培养目标。简而言之，就是培养德技双馨、人文和技能兼备的高技能人才。

3. 形成了自己的办学特色和文化基因

经过40年建设，积极实践、努力探索，我校已经基本形成了具有交通特色的技能人才培养模式和文化特征。“行者文化”和“行者精神”得到广大校友的高度认同，一批批校友脱颖而出，用自己的业绩获得了荣誉和尊严。

4. 涌现出一大批优秀和杰出的校友

我校的毕业生主要就职在汽车制造、交通运输与服务、物流与商贸、机电装备和信息技术等行业企业，工作在生产和服务一线，取得了不平凡的业绩。有些校友在不同的企业和岗位，在三五年内就由一名普通的技校毕业生成长为技术骨干、经理、总监、企业主要负责人，这些校友成功践行了母校的“行者精神”，用自己的业绩赢得了社会赞誉，通过自己的行动演绎精彩人生。他们从学校走向社会，用自己的聪明才智赢得了行业企业的尊重，也为实现自己的人生理想迈出了坚实的步伐、写下了精彩的篇章。

关存校友，曾荣获广州市保税区丰田汽车服务公司“杰出成就奖”。他是我校1991届毕业生，现任广州市保税区丰田汽车特约维修服务有限公司法人代表、总经理，广州市技师协会汽车专业分会理事，广州市汽车摩托车维修行业协会副会长，受聘为广州康大职业技术学院汽车专业客座教授。关存先后荣获“市工商局优秀党员”“经济技术开发区交通局先进个人”等称号，并多次荣获保税区丰田汽车服务公司“先进工作者”“标兵”“杰出中层管理人员”“杰出成就奖”等奖励。他所在的公司每月平均维修车辆达1 000台、月营业额达120万元，连年被上级主管部门评为“优秀企业”“守合同重信用企业”，并以100的高分荣获本市首批“诚信优质服务企业”，还先后在阳江市和增城区建立了合作、独资企业。关存所在的企业先后接收了母校100多名毕业生实习及就业。他常说：员工选择了我们公司，就要把他们培养成作风好、技术精、守纪律、能战斗的精兵强将。

黄义轮校友，世界技能大赛广东省赛钣金裁判员，1986 年 5 月出生，2006 年毕业于广州市交通技师学院汽车维修钣金专业。他现任广汽丰田客户服务部技术培训科丰田钣金培训讲师，2009 年首届“尊尚杯”钣喷全国技能大赛钣金项目冠军，2009 年广汽青年岗位技术能手，2010 年广州汽车工业集团优秀共青团员，2010 年 9 月受邀前往日本参加丰田总部“第二十届丰田售后技能国际颁奖会”，2013 年、2014 年连续两年担任全国中职院校全国技能大赛广东省赛钣金裁判员，2014 年 6 月担任世界技能大赛广东省赛钣金裁判员，同时任全国交职院校 T-TEP 项目汽车钣金专业教员、培训师。黄义轮除了拥有高超的钣金技术外，同时也是一位继承了传统文化的不可多得的年轻人，多才多艺。行云流水般的书法作品，赏心悦目的水墨山水画，虎虎生威的南、北拳，绚丽多变的川剧变脸，在现在的年轻人中，能够像黄义轮一样集现代和传统技能为一身的的确少见。男儿当自强、技能行天下，黄义轮校友用自己的行动对人生做出了最好的诠释。

雷睿校友，“上海大众 No.1 大赛”广州赛区第一名，1989 年出生，2007 年毕业于广州市交通技师学院机动车装配与检测专业，随后进入广州广物汽贸上海大众工作。他擅长汽车维修、维修业务流程、保险业务处理，2010 年取得服务顾问资格证，2012 年参加“上海大众 No.1 大赛”荣获广州赛区第一名、华南区域第四名、全国 50 强，2013 年 6 月参加“广物汽贸集团技能大赛”荣获团体季军、个人比赛第五名。技能提升固然重要，理论学习也没有放下，雷睿边工作边学习、边学习边工作，取得华南理工大学金融学专业业余本科文凭。尝到了这种繁忙和辛苦中蕴含的甘甜，雷睿的汽车专业理论知识和技能水平逐步得到大幅度提升。

吴史云校友，汽车维修“超人”。2009 届毕业于广州市交通技师学院的汽车维修专业，2007 年获“第二届全国技工院校技能大赛”高级组冠军，并获得“首届校园技能风云人物”称号，摘得中央电视台第四频道举办的汽车维修工大赛汽车维修工“超人”桂冠。被人力资源和社会保障部特批授予技师的称号，成为全国最年轻的技师，荣获“广东省首届校园技能风云人物”称号，现任广州市锦众汽车贸易有限公司汽车维修技术部经理。2013 年吴史云自主创业，成立了广州粤众会车房。广州粤众会车房是一间集大众车系维修保养、改装升级为一体的专业车房。作为 Audi,VW,Seat&Skoda 车系专业改装升级的后起新秀，公司成立 AVG-TECH 工作室，专注大众车系原厂电子技术（功能）的升级改装和维修，同时提供大众车系的技术支持业务。公司拥有一支较强的技术研发队伍，并与国内大中专院校洽谈合作，致力于研发汽车改装与维修新技术，组织各类汽车沙龙活动。吴史云的公司自成立以来，本着“客户第一、诚信至上”的原则，与多家企业建立了长期的合作关系，并积累了数百名会员。

周万韶校友，海外创业佼佼者。2002 年，他毕业于广州市交通技师学院现代物流专业，毕业一年后即开始创业。创业第一轮失败后，在吸取教训后开始第二轮创业，一举成功。周万韶 24 岁创立第一家公司并迅速积累财富，27 岁只身前往迪拜开始海外创业之路，第二年就实现年销售 5 000 万元的奇迹，33 岁在斯里兰卡开辟新战场，2 年内就成为最大的斯里兰卡红茶中国区销售代理。周万韶用不可思议的速度证明了中国民企是可以“走出去”并有所作为的。如今，周万韶公司的年营业额已经突破 1.6 亿元，早已是同行眼中的佼佼者。不过他说，现在回头看自己也觉得不可思议，但其实海外创业的困难多到无法想象。如今的周万韶任职迪拜唐朝电子有限公司总经理、斯里兰卡捷高物流有限公司董事长。

蔡文书校友，自主创业成功者。2011 年，他毕业于广州市交通技师学院现代物流专业，毕业后放弃企业高薪职位，身怀抱负和理想，于 2012 年自主创办了广州康亚医疗器械有限公司。该公司是一家集科研、生产与销售为一体的家用医疗器械专业公司，主要经营家用医疗器械，如血压计、血糖仪、体温计、老人康复及儿童检测类医疗器械等产品，以及药妆产品、法国祛疤精华素、保健用品等健康用品，拥有“倍康护”和“百分百”两项自主品牌。公司现产品经营主要覆盖广州和佛山各大医药连锁公司和医药配送公司，在广州 OTC 渠道上占有 30% ~ 40% 市场份额，年营销额为 200 万元左右。

我校的校友绝大部分扎根生产服务一线，成为各项岗位、工种的骨干，更有无数脚踏实地、奋发有为、默默耕耘的劳动者，他们遍布行业企业的每一个角落，成为各行各业的中坚力量。

何玉祥校友，“优秀门店经理”。1988 年 5 月出生的何玉祥，2011 年毕业于广州市交通技师学院物流管理专业。2010 年 8 月尚未毕业即加入中国物流龙头企业天地华宇，2011 年 8 月即成为门店经理。2013 年至今，他已经升任天地华宇公司路区经理，多次荣获年度“优秀业务员”“优秀门店经理”称号。何玉祥没有什么惊天动地的事迹，从一名普普通通的企业员工做起，一步一个脚印，一切都显得平平凡凡。但他从来都把自己当成是企业的主人，把自己的命运和企业的生存与发展紧紧联系在一起，只要认为对企业有利，就积极主动做好每一件事。

机电装备产业系校友自主创业多。金鑫和石义富等校友，2008 年和 2009 年分别毕业于广州市交通技师学院的机电一体化专业。毕业后先到企业工作了 1 年，后自主创业。2010 年，石义富与同学合伙创办了广州市创赢塑模有限公司。更多的机电一体化专业毕业生供职于企业，在生产服务一线吃苦耐劳、表现出色，承担高级维修员工作，能较好地维修不同类型的机械，做一名真正的能工巧匠。

信息技术产业系的校友，许多人毕业后从事产品设计师、网络安全工程师的工作，如动画与多媒体设计专业 2009 届毕业生伍中立，网络管理与信息安全专业 2010 届毕业生罗德柯等校友，均在自己的工作岗位上展现了高超的专业技能。

三、双轮驱动均衡发展

我校坚持以双轮驱动实现均衡式发展，坚持以提高教学质量为核心，把人才培养作为最终目标。学校依靠学历教育与职业培训两个轮子均衡发展职业教育，高质量培养技术技能型人才，彰显技师学院的办学特色。

1. 学历教育

近 10 年来，我校坚持学历教育与职业培训平衡发展，将学历教育和职业培训有机结合，实现两者优势互补、资源共享，高质量培养了数以十万计的技术技能型人才。据不完全统计，2009—2018 年的 10 年间，学历教育招生总人数为 28 180 人，2001—2017 年的 17 年间学生实际毕业人数为 26 023 人，分别如表 0-1 和图 0-2、表 0-2 和图 0-3 所示。

表0-1　　2009—2018年学历教育招生人数

年份	2009	2010	2011	2012	2013	2014	2015	2016	2017	2018	合计
学生人数／人	3 535	2 547	2 278	3 076	4 068	2 754	2 508	2 595	2 315	2 504	28 180

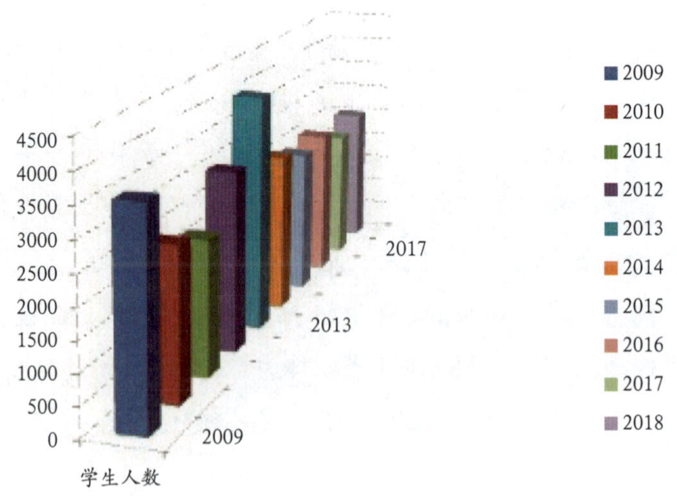

图0-2　2009—2018年学历教育招生人数动态

表0-2　　2001—2017年学生实际毕业人数

年份	2001	2002	2003	2004	2005	2006	2007	2008	2009
毕业人数／人	380	446	361	469	835	1 090	1 800	1 643	1 787
年份	2010	2011	2012	2013	2014	2015	2016	2017	—
毕业人数／人	2 438	2 121	2 591	2 096	1 568	1 877	2 639	1 882	—
合计人数／人	26 023								

注:

1.2001—2008年学生毕业人数为学校办公室提供;

2.2009—2017年学生毕业人数为学校学生处提供，该统计数据为广州市人力资源和社会保障局职业技术教研室系统查询所得。

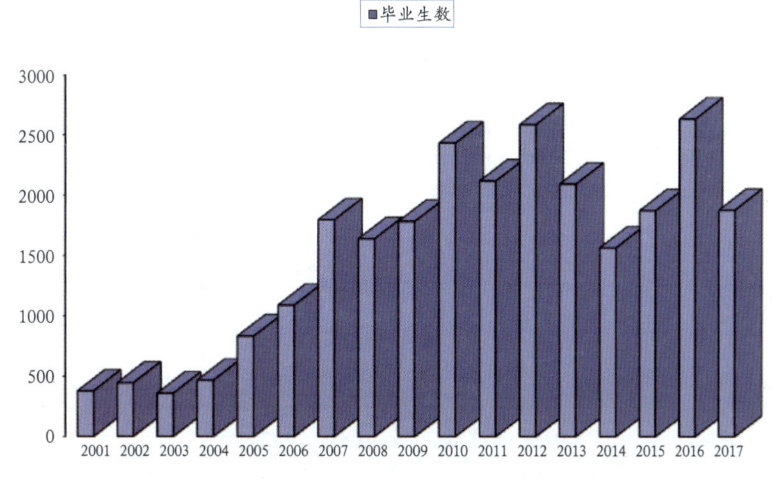

图0-3　2001—2017年学生实际毕业人数动态

2. 职业培训和鉴定

近5年以来，我校对职业培训和鉴定部门进行改革，积极和行业企业合作，服务社会，使职业培训工作在市场竞争日益激烈的情况下实现稳步发展，从岗位培训、技术等级考证、从业人员资格考试到汽车新技术专项培训，项目齐全，年均技师培训量占广州全市技师培训总量的20%以上，创造了良好的社会效益和经济效益，形成了与学校教学发展的互补机制。近 5 年来，据不完全统计，共计 12.5 万人次在我校接受了职业培训，10.5 万人次参加了技能鉴定，6.3 万人次参加了出租车驾驶员等工种的考试。学校开拓了十几个高级工、技师、高级技师的培训项目，培训考核各类高级工、技师、高级技师超万名，为广州市高级技能人才的培养做出了贡献。这方面的数据具体如表 0-3 和图 0-4 所示。

表0-3　近5年来社会职业培训和技能鉴定人数统计　单位：万人

年度	职业培训	技能鉴定	出租车驾驶员	高级工、技师、高级技师
2013—2017	12.5	10.5	6.3	1.0

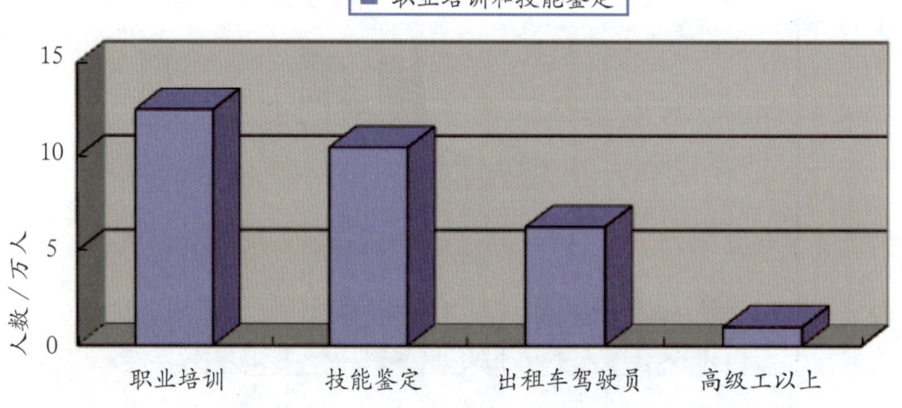

图0-4　近5年来社会职业培训和技能鉴定人数统计

四、产教与研修相融合加强师资队伍建设

教师队伍建设是一项基础工作。我校坚持“教师是学校发展的第一资源，树立教育质量根本上是教师质量”的办学理念，坚持教师素质发展为第一要务，培养高质量的技术技能型人才，坚持以提高教师队伍的素质直接带动学校的办学水平和人才培养质量。

一直以来，我校高度重视加强产教融合师资队伍建设，打造出了一支高素质的“双师型”“一体化”教师队伍，坚持高技能人才培养方向，走产教融合高质量培养技术技能型人才之路，彰显技师学院教师队伍和人才培养一体化的办学特色。

我校以创建国家中等职业教育改革发展示范学校为契机，按照“充实队伍、优化结构、创新机制、整体提高”的思路，坚持“培养、引进、外聘”相结合，着力提升教师队伍水平。我校现有教职工 486 人、专职教师 386 名，其中高级讲师 45 名，占专职教师约 12%，中级讲师 119 名，占专职教师约 31%，高、中级讲师合计占比 43%。学校现有高级技师 151 名、技师 68 名、校企双制培训师 67 名，其中“双师型”“一体化”教师 282 名，在全部专职教师中占比 73%。教师队伍中，享受国务院特殊津贴专家 1 名、全国模范教师 1 名、全国先进工作者 1 名、全国职业核心能力优秀校长 1 名、全国职业核心能力优秀教师 4 名、全国技术能手 5 名、广东省高层次人才 11 名、省级技术能手 16 名、省级劳动模范 1 名、省五一劳动奖章获得者 2 名、市级劳动模范 1 名、市级专业带头人 3 名，师资队伍结构合理、成长性好。同时，我校作为广州市技师协会汽车分会的常务理事单位，协会里 1 000 多名技师和会员均可作为学校丰富的师资资源。

近 10 年来，我校坚持校企双制培养“双师型”“一体化”教师，坚持实施教师“走出去、引进来”的方式，常年制订境外研修培训计划，如表 0-4、表 0-5 所示为我校教师境外研修培训人数统计，总共有 58 名教师分别到 10 个国家研修培训，另外还有 40 位教师奔赴我国的香港和台湾等职业教育较发达地区研修培训。

表 0-4　　2005—2018 年教师赴国外研修培训人数统计

序号	国家	培训人数／人	洲	培训人数／人
1	美国	7	北美洲	8
2	加拿大	1		
3	德国	24	欧洲	28

续表

<table>
<tr><th>序号</th><th>国家</th><th>培训人数／人</th><th>洲</th><th>培训人数／人</th></tr>
<tr><td>4</td><td>英国</td><td>2</td><td rowspan="2">欧洲</td><td rowspan="2">28</td></tr>
<tr><td>5</td><td>奥地利</td><td>2</td></tr>
<tr><td>6</td><td>澳大利亚</td><td>2</td><td rowspan="2">大洋洲</td><td rowspan="2">6</td></tr>
<tr><td>7</td><td>新西兰</td><td>4</td></tr>
<tr><td>8</td><td>韩国</td><td>2</td><td rowspan="3">亚洲</td><td rowspan="3">16</td></tr>
<tr><td>9</td><td>日本</td><td>1</td></tr>
<tr><td>10</td><td>新加坡</td><td>13</td></tr>
<tr><td>合计</td><td>—</td><td>58</td><td>—</td><td>58</td></tr>
</table>

表0-5　2005—2018年教师赴中国香港和台湾地区研修培训人数统计

<table>
<tr><th>序号</th><th>地区</th><th>培训人数／人</th><th>培训总人数／人</th></tr>
<tr><td>1</td><td>中国香港</td><td>18</td><td rowspan="2">40</td></tr>
<tr><td>2</td><td>中国台湾</td><td>22</td></tr>
</table>

若按教师性别划分，教师境外研修培训中，男女教师占比情况分别为：男教师 66%、女教师 34%，如图 0-5 所示。

若按境外研修培训来源划分，主要是国家、省、市相关主管部门组织的境外研修培训班，占比 68%；香港职业训练局组织的研修培训班，占比 11%；协会、企业等其他机构组织的境外研修培训班，占比 21%。从图 0-6 中的数据可以看到，境外研修培训来源呈多元化趋势。

若按专业和内容划分，我校教师境外研修培训计划做到了常态化、规范化，研修培训内容精准对接专业和教学需求，教师知识和技能得到拓宽和提高，不但开阔了视野，还提高了教师的学识和思维水平，领略了先进的职业教育理念。教师境外研修培训内容如图 0-7 所示。

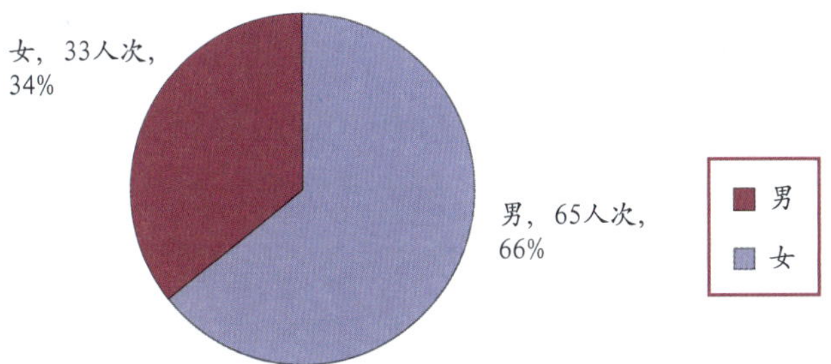

图0-5 教师境外研修培训男女教师占比情况

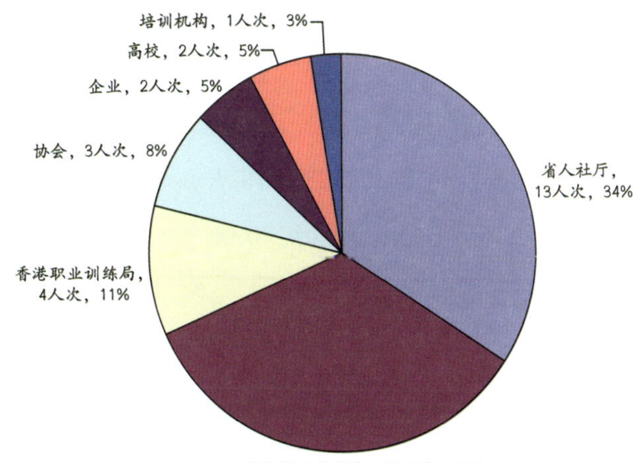

图0-6 境外研修培训来源呈多元化

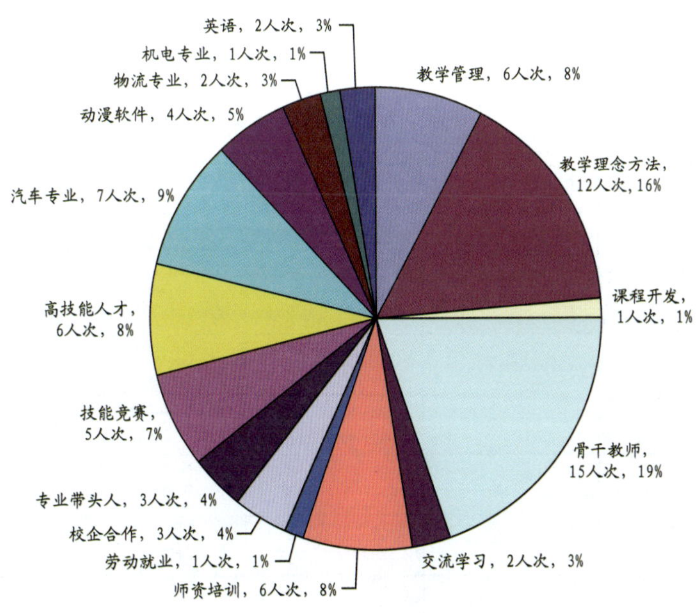

图0-7 教师境外研修培训内容和专业

从图 0-7 可以看出，教师境外研修培训的学习内容丰富，按专业分类，涵盖汽车、物流、机电、计算机和信息技术；按内容分类，有先进职业教育理念、教学方法、课程开发、技能竞赛和教育管理等专业知识和职业技能；从教师研修培训的效果看，也取得了明显的成效。

俗话说得好，名师出高徒。这种师徒效应是科学发展史上的一个重要现象，这个现象在我校培养人才中起到了重要的作用。如表 0-6 和图 0-8 能够直接反映这种人才链与人才群体崛起中的师承作用。

近 10 年来，我校大力加快产教融合高质量培养技术技能型人才。据 2009—2018 年技术等级招生人数统计，培养技术技能型人才 28 180 人，其中高级工以上技术技能人才 21 356 人，占比 76%，培养高级工以上比例超过国家技师学院的设置标准 70%。

表0-6　　2009—2018年技术等级招生人数　　单位：人

年度	合计	中技	高级	预备技师
2009	3 535	1 005	2 289	241
2010	2 547	810	1 625	112
2011	2 278	858	1 331	89
2012	3 076	1 090	1 836	150
2013	4 068	1 489	2 387	192
2014	2 754	492	2 196	163
2015	2 508	423	1 968	117
2016	2 595	363	2 141	91
2017	2 315	188	2 041	86
2018	2 504	203	2 210	91
合计	28 180	6 921	20 024	1 332
占比／%	—	24.0	71.0	5.0

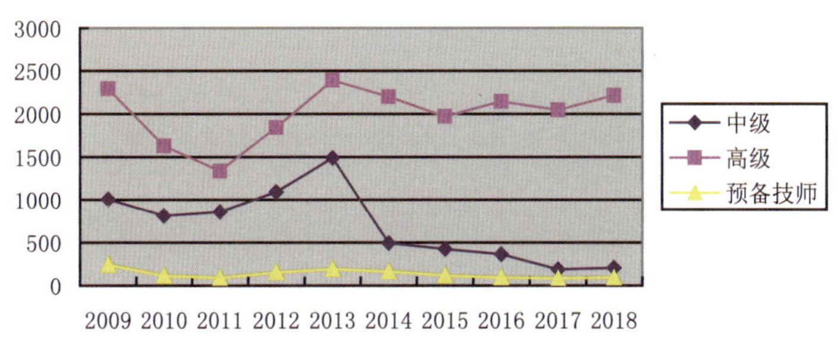

图0-8 2009—2018年人才培养变化曲线

从图 0-8 可以看到，在中级工和高级工的培养上，2011 年出现了一个拐点，连续 2 年人数是往上增加的，到 2013 年高峰后，又出现一个拐点，之后人数开始逐年下降；中级班人数逐年减少，高级班人数从 2013—2015 年的逐年减少，之后又开始缓缓上升，人数基本保持在比较稳定的水平上。图 0-8 中的人才培养变化曲线图还告诉我们，中级班培养人数逐年减少，高级班培养人数逐年增加；虽然预备技师人数不多，但是始终保持稳定。中级、高级、预备技师这三种技术等级招生人数占比如图 0-9 所示。

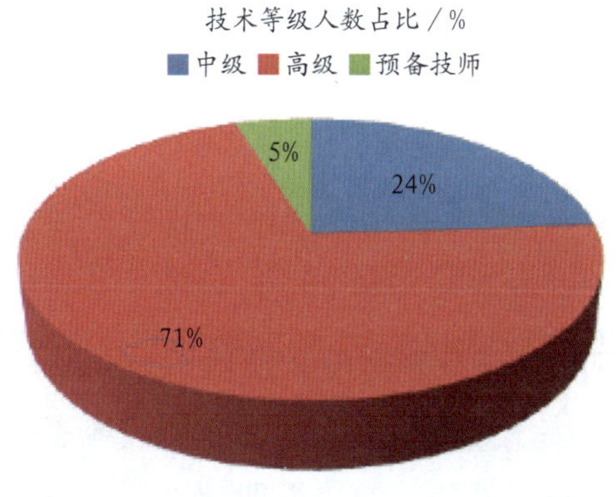

图0-9 2009—2018年技术等级招生人数占比情况

图 0-9 给出了近 10 年 3 种技术等级的平均人数比例，高级工和预备技师合计占比 76%，达到或超出技师学院的国家设置标准。

以上数据充分说明我校坚持抓产教融合师资队伍建设、加快培养高技能人才方面取得了可喜的成绩。

五、高端引领推动专业与产业需求精准对接

近10年来，我校高级技工班在校生占比达76%，全面提升了办学水平、人才培养质量和服务发展能力，着力培养具有工匠精神的高技能人才，重点扩大高技能人才的有效供给，“高端引领”的理念更深入到专业建设全链条中。我校以国家中等职业教育改革发展示范学校为契机，实施国家级、省级示范性品牌专业建设，共开设近40个专业，涵盖5个主要行业，其中90%面向现代产业。近10年来共投入约1亿元重点建设3个面向先进制造业、现代服务业、战略性新兴产业的国家级、省级重点专业和1个面向传统优势产业的特色专业。

我校重点实施“高端引领”行动计划，目前通过了国家中等职业教育改革发展示范学校，设立了世界技能大赛重型车辆技术项目中国集训基地、广东省高技能人才实训基地，设立了广州市职业技能鉴定站、市劳模创新工作室，加入了“广东省高技能人才培养联盟”。我校的高级技工以上在校生规模进一步扩大，高素质技能人才供给日益增加，正在为广州市推动产业转型升级、实施创新驱动发展、提振实体经济战略提供重要支撑。

我校建立了专业动态调整机制，大力推进专业设置与制造产业发展需求相对接、专业建设与学校实际相对接、专业标准与职业标准相对接，尤其注重加大制造业领域专业设置和招生规模。近10年来，我校坚持错位发展，突出交通产业特色，坚持高端引领、内涵发展，推动专业与产业需求精准对接，突出专业建设与地方产业结构调整相结合，加快培养高技能人才。

近10年来，我校根据广州市产业集群式发展的规律特点和广州市城市功能定位，制定了重点专业集群式建设规划。建立行业和企业参与的专业设置评议制度，健全根据社会需求、学校办学能力和行业指导科学设置新专业的机制，瞄准战略性新兴产业、优化专业结构、促进新专业发展。我校及时调整优化传统专业设置，推动传统产业转型

升级，适应新技术、新产业、新业态、新模式的发展需求，加快建设新能源汽车、物联网等一批新专业。我校将继续开展和夯实国家示范性专业建设，建设一批省级重点专业和特色专业。

我校坚持专业建设与产业需求精准对接，明确发展定位，突出专业特色，积极主动与本领域、本行业、本专业的各类协会、龙头企业合作，重点发展优势专业和特色专业，建成一批社会认可度高、具有比较优势和鲜明特色的专业，不断优化专业结构，提升专业建设水平。近年来，我校根据自身的办学优势、行业背景与发展方向，创新开设紧缺专业、紧缺工种，积极拓展新领域、新市场，填补空白、错位发展，努力拓展专业覆盖面，努力建设具有交通特色的现代技工教育体系。我校与广汽本田、广东省汽车客运站、广州市交通集团公司、广州市良有汽车贸易有限公司、佛山市汽车运输集团物流公司等珠三角地区的近千家企业建立了长久的校企合作关系，并在其中100多家实力雄厚的现代企业设立学生校外实习基地，还成立了“广州市出租车驾驶就业服务中心”。

近10年来，我校始终把提升核心竞争力作为学校可持续发展的基本路径，学校学制教育发生了根本性变化。我校实行初中起点中级班3年、高级班5年，高中起点高级班3年以及预备技师5年（3年学校学习和2年企业学徒）学制并存；调整优化5个产业系，即汽车产业系、交通运输产业系、物流与商贸产业系、机电装备产业系、信息技术产业系等30多个专业，对接广州市及珠三角现代服务业产业群，其中汽车运用与维修、物流服务与管理、机电技术应用和计算机动漫与游戏制作等专业已经建设成为国家示范性中等职业学校专业，在行业内具有广泛影响。

随着综合实力的增强，我校坚持产业主导、优质就业的要求，满足市场需求和个人发展需要，进一步完善政校企协一体、产教深度融合的办学模式，使技术技能人才的培养符合行业标准，与企业无缝对接，为区域产业发展提供技能人才支撑，为社会提供优质教学资源，使学生学有所成、掌握一技之长，促进他们优质就业。同时，我校瞄准企业对高素质高技能人才的需求，注重培养学生职业素质和道德情操，培育他们的工匠精神。据近 5 年的毕业生就业统计结果显示，我校毕业生年均就业率达到 98% 以上。

综上所述，我校坚持“以行制胜”的“行者精神”，围绕“人文与技能并重”的人才培养目标，秉承“稳定办学规模、完善办学条件、提高办学质量、精心培育高技能人才”的办学理念，着力打造集职业培训、技能鉴定和就业服务为一体的多功能、多层次的交通行业综合性职业教育培训基地。

建校 40 年来，我校适应广州市经济社会发展需求，坚持产教深度融合，体现终身教育理念，打造具有交通行业特色的国家级重点技工院校；产业系布局和专业设置重点面向先进制造业、现代服务业、战略性新兴产业等领域。经过不断的发展，我校的办学条件明显改善，实训设备配置水平与技术进步要求更加适应，现代信息技术被广泛地应用。

40 年来，我校沉淀的文化积累，应该在建校 40 周年这个时间节点上挖掘、整理、提炼出来，以昭示后人。我们应该潜心静气认真总结办学经验和成绩，形成完整的教书育人体系，高质量培养技术技能型人才。只有好好总结 40 年办学经验，以深厚的文化底蕴，才能引领学校走向未来、走向辉煌。我们要不断改变发展思路、创新工作机制，把我们的学校办好，把技工院校办成名副其实的培养高技能人才的摇篮。

40 年砥砺前行，作为一所公办技工院校，经费、政策、生源、学术，这四重保障到位了，一定不会差。当下，我校最缺的是技能教育学术问题，解决了这个问题，离高水平的技工院校就不远了。

然而，建设高水平的技工院校，建立业内的好口碑是个漫长又艰难的过程。我们要善于从办学的历史过程中发现好的经验、积累深厚的文化底蕴，一代人接着一代人干下去，高水平的技工院校的目标就能够实现。做到这点，我校吸引好生源、建立好口碑指日可待，综合能力将得以倍增。现在是我校留住优秀教师、吸引优秀学生最重要的历史时刻，40 年的办学经验和成绩给予我们信心和勇气。

六、丛书结构和内容及创新

广州市交通技师学院建校 40 周年丛书——“技师学院教育实践研究丛书”的编撰和课题研究是一个综合性的项目，包括图书编撰研究和课题研究两个方面。图书编撰的成果形式是出版图书，课题研究的成果形式主要是研究报告。如何把两者结合起来，在我校是一个新的尝试，在技工教育领域亦是一个开放、包容的研究课题，我们的目的旨在树立新时代技工教育的新目标，树立新时代技工学校教师的新形象。

编撰本套丛书旨在总结建校 40 年以来所取得的成绩，特别是近 6 年的实践经验，以推动我校的发展，同时吸引更多的学生和家长关注我校，更多的优秀学子报读我校。

如前所述，教师是办好一所学校的重要资源。本丛书以提升我校教师职业能力为着眼点，以教师发展、管理和服务为主线，从 7 个方面编撰提炼，以期达到一套丛书的出版要求，兼具实用性和可操作性，分享我校的典型经验和好的做法，为全国技师学院教师的发展、管理和服务提供参考，切实提升技师学院教师的专业能力和职业水平，提高技师学院的社会影响力、吸引力。

一套丛书必须做到中心思想突出，有主题、有故事、有主线，能够把各分册串联起来、形成体系；集中阐明一种教育思想、一个教育理念、一个教育模式，以及有教无类的教学方法。本丛书各分册思想内容关联度高，一个主题多个分题相互支撑、相互支持。我们编写组几经讨论，借建校 40 周年的契机，在 30 周年的基础上，把总结时限界定在近 10 年内，内容范围集中在教师综合职业能力的发展上，设计将完成 7 个分册的组织撰写工作。这个设计（如图 0-10 所示）是基于我校的现实情况。

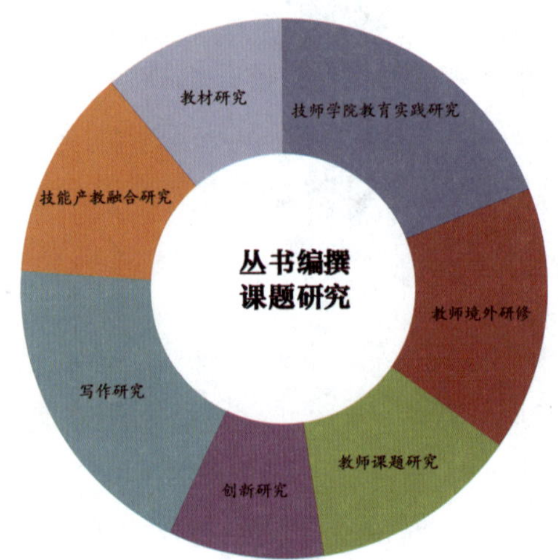

图0-10 丛书结构和内容

这是我校首次尝试以丛书编撰与课题研究相结合的方式纪念建校40周年，试图专业地、客观地、系统地总结技师学院教师教育教学实践，旨在把教师的教学实践理论化、系统化。由于丛书的各分册视角不尽相同，其目标和内容也各有特色，所以我校从全校范围内挑选编撰人才，组成编写小组，每人承担一个任务，共同完成各分册。虽然每人编写的内容不同，但是丛书的总体中心思想不变，就是“建校40周年和特色育人才”这个主题。丛书的各分册围绕这个主题，从不同的角度去丰富和充实中心思想，亦可理解为各分册是一个分主题，从各个方面阐述中心主题。丛书的各分册目标任务及研究内容简要介绍如下：

1. 技师学院教育实践研究

该课题是一个综合性实践研究项目，旨在以建校40年的工作实践为基础开展创新理论研究。该课题基于产教融合的目标、任务和路径，系统总结了近6年广州市属技师学院产业系实践经验，并以我校的教育实践为视角，围绕教师从事教学活动涉及的专业建设、课程设置、教学设计等方面，分析我校在教学管理、专业与社会、科技与经济之间相关的教育实践特征和教学成果，回答培养技术技能人才过程中的关键问题，提炼出可复制的内容、方法和措施，供同类型的学校参考和借鉴。

2. 赴境外研修培训研究

这本书的目标和内容是系统地梳理近10年以来教师境外研修培训的心得体会，结合职业教育的理论和实践经验，为技工院校学习借鉴先进职业教育理念和方法提出实践建议。作为现代技工院校的教师，不仅需要能够带学生实训、实操和实践，更需要有先进的职业教育理论做指导。我校重视安排教师到境外研修培训，让他们能够接受先进的教学理念和方法，从而打造一支德技艺兼修的高素质教师队伍。

3. 教师产教融合能力实践研究

近10年来，我校加强产教融合培养“双师型”“一体化”教师，本课题基于技能和产教融合目标、任务、路径，围绕校企合作、技能鉴定、技能大赛等教学实践进行研究，分析近几年来校企合作、技能竞赛的现状和产教融合的规模、特点、作用，对3~5个典型案例进行分析，归纳出校企合作机制、技能大赛组织措施，提出在技能大赛和校企合作改革创新发展中的启示和建议。

4. 教师写作能力实践研究

口头表达和书面表达是教师的基本功，善讲和善于书面总结是不断提高教师教学能力的途径。该分册在收集优秀论文的基础上，结合教师教学的实践经验，分类归纳出各教学主题内容，提炼出适合教师综合职业能力和核心写作能力提升的方法和途径及其建议。

5. 教师课题能力实践研究

本分册收集近几年我校课题研究的结题报告和典型案例，结合经验做法和实际情况，提出适合校情的教师课题研究方法和途径的建议，秉承“教研先行，指导实践”的服务理念。

6. 校本教材实践研究

这个分册重点分析校本教材现状及趋势，教材开发基础理论，分类统计和分析校本教材的应用情况，汇总公开出版或自编自用教材情况，或第二课堂活动教材的使用情况等，把校本教材目录系统化、理论化，在技工院校领域也是一个大胆的创新。

7. 教师创新能力实践研究

本分册围绕创新创业活动大赛，系统总结和分析我校教师的科研能力和创新创业能力，以数据、案例等形式展示教师职业能力发展态势，总结几年来教师在知识产权和科技创新方面所取得的成就。同时梳理我校教科研管理体系在高水平技师学院建设中的作用和贡献，提出新时代教师职业能力的未来发展方向。

上述 7 个分册目标任务基本涵盖当前技工院校教师的职业能力，从而形成系统化、理论化的“技师学院教育实践研究丛书”。我们希望丛书能够达到新颖性、创造性、实用性的要求，同时满足可读性、成果性、可复制性，为技工院校树立一个标杆，充分呈现技工院校的学术软实力。

综上所述，课题研究是在丛书编撰的基础上，以建校 40 周年的实践为研究对象，深化和延伸丛书内容，把这个课题放在国家改革开放 40 周年的大背景下，把我校的校情和教学方案与先进理念结合起来，设计出符合技工院校领域的实践方案，在比较大的范围内开展实验，进行试评估和验证。

他山之石，可以攻玉。我校有近 100 人次教师“走出去”到国外的 10 个国家、我国国内的 2 个地区研修培训，这是一笔丰富的学术交流资源。同时我们“引进来”，邀请国内外专家来校进行学术交流、教学观摩和专业评审等活动。我们在分析国外发达国家和我国发达地区的先进职业教育理念和优秀教学方法等共性特点的基础上，结合我校的发展实际，归纳能够反映我校与国内外能力水平和教学方法接轨的核心要素，提出建设高水平技师学院的标准、路径、评价方法和政策建议。

“德高为师、学高为范”，我校的教师自觉运用先进教育理念来指导自己的教学工作，在践行学校“行者”教育理念方面，如古人言之“善学者尽其理，善行者究其难”，相信一定能够在技工教育领域起到辐射带动的引领作用。

2018 年正逢我国改革开放 40 周年，又恰逢我校建校 40 周年，时间的巧合与重叠，给予我们丰富的遐想和遥望。期望在我校 50 周年、60 周年的时候回望今天，我们这套丛书和课题研究曾经给人一些启示，那么我们的努力就没有白费。再遥望建校 100 周年的时候，如果还有人记得 40 周年时的这套丛书，那就是其功善莫大焉。

40 年，对于人来说，是不惑之年。40 年，对于我们国家来说，正好经过不断地改革开放步入了新时代。

新时代新面貌。我们广州市交通技师学院的教师团队以丛书的形式记载办学特色、彰显新水准，教师队伍建设有了新气象，综合实力有了显著增强。我们以建校 40 周年为契机，锐意进取、开拓创新，自

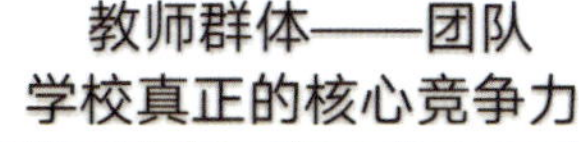

信能把学校建设成为百年名校、人文技能幸福学校。

新时代是奋斗者的时代。我们以奋斗者的姿态，昂扬向上的精神，依托交通行业、融入新兴产业，办学质量再创辉煌、品牌塑造再获突破。我们以行者精神为荣，以行制胜、行稳致远，大力培养高技能人才，向着高水平技师学院奋力前进！

国外篇

第一章 美国

美国职业教育与技能竞赛体系及其启示

王尚军

2017 年 8 月到 9 月，本人参加了“广州市高技能人才培养美国之行培训班”的学习，期间对助推美国经济发展的职业教育与培训体系、保障职业教育发展的师资队伍培养体系、保障职业教育质量的学分制课程体系、助推学生个体发展的技能竞赛体系及 STEAM 等职业教育培训创新项目进行了调研，对美国的中等职业教育载体——综合高中、高等职业教育载体——社区大学，以及中、高职及本科大学之间的衔接机制进行了深入学习。

一、美国职业教育的整体特点

美国的教育体系里没有单列职业教育，职业教育与普通教育相互交叉、共同进行，并在综合高中、社区大学等机构中同样地实施。美国的中等职业教育主要在综合中学与区联合职业教育中心实施，高等职业教育主要在社区大学实施，而继续教育与培训部分既有在社区大学实施的，也有在营利或非营利性职业培训机构实施的。

美国的高中在一二年级便开设以提升生活技能为目的的职业教育课程，在三年级与四年级便开设以就业为导向的专业化职业教育课程，针对学生的不同发展方向设定不同的职业课程学分要求，部分职业教育学分直接与社区大学的课程对接，大量课程可实现高中与社区大学学分互认。大部分综合性高中都配有相应的实训室，部分办学条件一般的学校则与当地社区大学共同开展职业教育。

美国的社区大学负责高等职业教育职能，但也同时具备向四年制本科大学输送生源的职能，学生既能在社区大学职业认证后就业，也可以通过社区大学拿到副学士学位后，转入四年制大学继续深造学习。社区大学与四年制本科大学有大量课程实现学分互认，对接的本科大学中不乏像伊利诺伊州大学香槟分校这样的世界级名校，既实现了两类不同性质大学课程的顺利过渡，为社区大学学生开拓了一条通往名校的路径，又能帮他们节省昂贵的本科大学学习费用。

总的来说，美国灵活的职业教育体系，一方面从中学开始就打通了从校园通往职场的通道，另一方面也打通了职场通往学术性本科大学的求学通道，体现了以人的充分发展服务社会经济为核心的职业教育理念。

二、美国职业技能竞赛体系

美国职业技能竞赛的组织策划工作主要由技能美国教育协会（SkillsUSA）来承担，该组织受美国教育部委托，负责组织一年一度的全美职业技能大赛项目（校、区、州及全国逐层组织选拔赛），选拔优秀选手组成代表队，代表美国参加两年一度的世界技能大赛，该协会是代表美国政府参加世界技能大赛的唯一机构。技能美国教育协会以优化职业技能水平、服务国家经济发展为目的，在竞赛组织、技能培训、行业标准及课程开发等领域开展工作，在职业教育界发挥了重要作用。

1. 发展为主的竞赛理念

美国的竞赛理念与很多国家一样，都是从促进职业能力成长的角度出发，以激励各职业学校学生和老师成为“最卓越的自己”为宗旨，以促进职业培训和认可学生与教师取得的学业成就为目的。美国的竞赛标准也围绕着竞赛宗旨，从综合职业能力角度出发，兼顾考核学生专业能力和职业核心能力的综合水平。

2. 规范严谨的竞赛组织

作为美国教育部指定的主办机构，技能美国教育协会董事会负责国家各项大赛的组织运行，成立专门的大赛委员会和管理团队来推进各赛项的开展。技能美国教育协会采用会员制管理，凝聚了国家各行业企业及院校的优秀资源。目前，该协会拥有600多个优秀企业会员、4 117所学校会员，个人会员注册了30万人以上。

为确保各职能落实到执行层面，技能美国教育协会在各州、学校、企业等各级层面成立了管理机构，并邀请各级政府部门共同管理。例如，在学校层面成立的管理机构如图1-1所示。

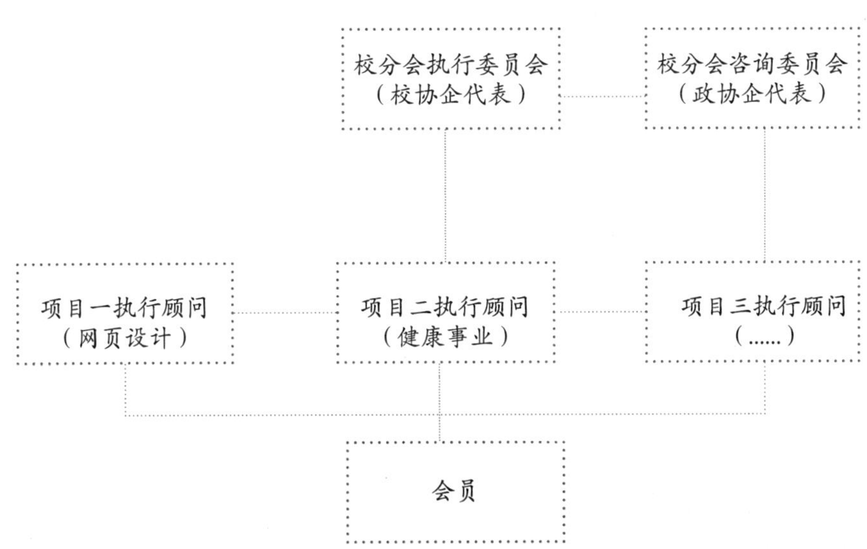

图1-1　技能美国教育协会建议学校分会结构图（参照协会文件）

（1）职责分明的组织架构。功能齐全的组织机构是确保赛事顺利、有序、成功举办的基础，技能美国教育协会成立了专门的赛事委员会和团队，如执行委员会、技术委员会和会议管理团队等。各团队的规模根据当年的赛项设置及预期参赛选手多少而定，3个团队分别负责竞赛的总体策划、技术组织及会务组织3个方面的工作。

执行委员会的职能是总的调控与决策，如任命技术委员会成员、协调处理各种关系与投诉、审议赞助商资格、组织投票决定赛项设置等。大赛执行委员会的领导和成员由技能美国教育协会董事会任命，任期 3 年，委员会直接向董事会负责，贯彻落实董事会批准的各项政策。执行委员会的领导班子由分别代表教育界、企业界和管理界的 3 位主席和技能项目主任组成，由技能美国教育协会的工作人员担任委员会秘书。

技术委员会的职责是策划并落实与竞赛有关技术方面的一切事宜，负责竞赛标准、方案和内容的制定，以及竞赛所需设备和材料的筹备，募集奖励选手所需的资金或实物，管理竞赛技术标准中规定的各项工作等。

为确保赛事的公正举办，各技术委员会成员全来自相关行业、企业和各劳动组织，不允许各级政府及院校人员参与。该技术委员会由竞赛项目主任推荐并经执行委员会批准后开展工作，成员都属于志愿者工作性质，技能美国教育协会不为技术委员会成员发放评委报酬或报销交通费等工作中产生的相关费用，这些费用由成员所在单位提供支持或个人自筹。技能委员会代表了各行业的最高水准，具有行业权威性。

会议管理团队主要负责竞赛会务的组织工作，该团队的职责是各种竞赛材料的收集整理、制作竞赛过程中用到的各种证件与文字材料、按照要求布置竞赛场地、开展竞赛相关文秘与统计汇总工作、负责各机构之间的联络工作、竞赛现场的管理与支持工作等。该团队主要成员由各学校选拔出的优秀学生志愿者组成，在技能美国协会工作人员的指导下开展工作。由学生志愿者团队承担会务工作，不仅解决了协会要短期雇用大量工作人员所面临的各项问题，而且较好地锻炼了学生的综合能力，符合美国技能竞赛的办赛宗旨。

（2）竞赛的训练、参赛与奖励。竞赛项目的训练可以结合参赛学生所选课程内容在课堂上开展，但通常多用非正常上课时间完成，因为各学校都认为不能因竞赛训练而影响正常学业的进行，强调竞赛项目与学业课程的相对独立性。所以当学生获奖后，也不会因为成绩优异而在获取课程学分方面给予特殊照顾。

每个选手会有自己的教练团队，由企业专家及学校教师共同组成。因各企业都想为自己储备人才，同时也可以通过指导竞赛获得行业知名度与话语权，往往非常积极派专家参与教练工作。教练团队的组成通常由学校、企业及学生共同协商确定，为将竞赛训练内容与企业岗位内容无缝对接，教练团队往往以企业教练为主，且每个专业方向上都会安排教练指导，一名选手从校级选拔、区级选拔、州级选拔到国家级选拔，都由相对固定的教练团队来指导训练工作。选手外出参赛往往由企业和学校共同组成团队一起承担参赛保障工作，负责选手的临战心理辅导及技术支持等。企业及学校的教练和工作人员的劳务津贴由各自所在单位分别承担，外出参赛的差旅费用也由各自单位负责，学校可以承担学生的参赛差旅费用。

美国的各级竞赛奖励主要以精神奖励为主，基本不给予现金和物质奖励。组织方将为获奖选手颁发获奖证书，赞助商也可能会给选手设备和工具类的物质奖励，而政府方也往往是以官员代表接见和口头鼓励为主要奖励形式。学校及企业对教练和选手的奖励，同样也是以精神奖励为主，因选手、教练更看重参赛所带来的个人能力方面的提升与肯定，大家为共同的目标——证明自己是“最优秀的人”而奋斗，形成了良好的参赛环境与竞技氛围。

3. 美国竞赛体系的特点

（1）竞赛标准直接对接职业要求。竞赛的核心部分——内容、标准与评判等，全部由来自生产、建设、管理和服务一线的行业专家组成的技术委员会制定，且专家的任命及文件的制定有着严格的评审流程，使得竞赛的标准与内容完全契合行业企业对职业人员的岗位能力要求，也体现了行业新技术的发展方向，以及行业新工具、新设备的运用，彰显了以竞赛促进学生掌握实际职业综合能力的办赛宗旨，能很好地促进学生职业能力的全面提升。

（2）竞赛组织直接促进办学实力。来自教育领域的教师和来自工作领域的企业专家共同组成参赛支持团队，共同研讨、交流竞赛的训练、辅导细节，共同参与竞赛各个服务保障环节，加强了校企沟通，促进了学校教师对企业一线最新需求及竞赛标准的深入了解，有助于教师将大赛的内容、模式和评价标准直接引入教学和管理实践之中，切实将最前沿的技术标准与内容引入课程体系。这一特点在促进教师队伍成长的同时，也促进了课程内容与教学模式的改革，全面促进了学校办学实力的提升。

（3）竞赛机制直接决定结果公平性。执行委员会的任期限制和交错任命，保证了组织成员的定期更新，使得始终有新思想、新观点输入，降低权力垄断和权力寻租的风险。学校、企业支持团队成员不担任赛项评委等回避制度的设置，也提高了竞赛结果的公平性和公信力，减少不必要的摩擦或投诉，同时也吸引了组织或个人不以获得商业利益为主要目的，主动、放心捐赠资金、物品或服务，为大赛持续、长久地成功举办提供了资源保障，也间接地为职业教育人才培养提供了资源保障。

三、启示与借鉴

1. 灵活的职业教育体制提升了学生职业成长的自由度

美国学生的求学生涯中，一直将职业教育与普通教育结合起来进行，无论是从小学到高中的义务教育，还是社区大学教育，学生都同时学习了一定的职业技能课程，具有了一定的谋生能力。学生从高中开始，就可以自由选择自己的职业发展方向，是就业还是继续升学，可以根据自己的社会背景及兴趣爱好进行选择，学校也有自己灵活的选课机制。学生选择不同的发展方向，学校便安排辅导员帮助他制定不同发展方向的个性化课程方案进行学习。从高中开始，学生的学习课程便是量身定制的。

同样，各学区的社区大学采用零入学门槛，也有灵活的发展方向选课机制，又为高中阶段选择就业后想继续深造的学生提供了更高级职业培训以及更高级学院升学的发展平台。并且各本科大学与各社区大学有着与普通高中一样紧密关联的升学通道，做到了英雄不问出处，对于不同学校晋升上来的学生一视同仁，有着同样的待遇与发展空间。

由此想到，我国职业教育体制一样有着非常灵活的职业选择自由度。从小学、初中开始，也有着部分职业体验课程，初、高中毕业后，也有着传统升学和职业教育两条路径。学生在职业院校学习过程中，也可以选择与普通教育高校有着学分互认（即套读）协议的相关专业，在职业院校同步学习这些本科大学相关课程，毕业后能同时获得职业技能证书与学分互认的本科大学学历证书。相比之下，美国的社区大学与本科院校的升学通道则更为灵活，因此我国若能完全打通劳动系统的技师学院与教育系统的本科大学的学分互认与升学通道，将会大大造福于各地职业院校学生，也会更好地促进各地经济发展，很好地提升学生的就业率。

2. 以学生发展为中心的竞赛理念培养学生良好的职业心态

美国竞赛体制有着他们稳定的主办机构、分工明确的组织团队和严格的捐助财务管理机构，所以赛事的决策、竞赛的内容与标准的确定、社会的捐助管理及竞赛会务的组织等都有相对独立的运行机构，相互之间影响甚少，保证了竞赛的公平性。而竞赛的公平性也促进了社会捐助的积极性，形成了良性循环。

另外，所有技能竞赛，政府部门及学校内部不设奖励方案与奖励办法，不对指导教师及获奖学生设置专项奖励。在日常训练中，倡导以学生身心发展及职业发展为中心的学习理念，指导学生训练是教师们的工作岗位职责。学生获奖后，学校及指导教师获得精神方面的荣誉，获奖成绩完全归学生，能增加学生就业及升学的资本。这种以学生发展为中心的竞赛理念，减少了教师及学生功利性追求，有利于学生良好为人处世的职业心态的培养。但很显然，这一体制最大的缺点就是没有能很好地激发出学生和教师们积极参与竞赛的动力。

反观国内竞赛体制，我们也有着严谨的组织机构，从国家部委到省厅、从市局到学校，都有着对应的职能部门统筹国家一、二类赛事的组织，并且有着极为诱人的国家、省、市及学校各级竞赛奖励规定。所以相比之下，我国的竞赛体制总体比美国更加优越，更能激发出教师和选手的拼搏干劲。比如2017年第44届世界技能大赛，美国参与的项目仅有区区几项，而我国选手参与踊跃，共有数十项之多，参与的积极性对比结果由此显而易见。

但目前我国在竞赛组织方面还存在竞赛标准与竞赛设备不统一，易受部分赞助企业影响与左右的微妙现象，所以我们还要建立起一个既权威又相对独立的竞赛标准制定机构。笔者认为，可以由行业协会等非政府组织统筹领导，确保我们的竞赛标准与内容完全来源于行业企业，竞赛设备完全来源于社会公益性的捐助或国家经费的购买，不可能受权力机构与赞助企业的丝毫干扰，确保竞赛的公平性。

另外，我们在技能竞赛备战过程中，还存在过于看重比赛结果，而不惜牺牲正常课程时间来备战竞赛的功利性现象。这造成了部分选手成了竞赛项目的“机器”，在竞赛项目上能力超强，但在不方便搬上竞赛舞台的很多必备知识与技能方面有很遗憾的缺失，这些选手一旦踏上工作岗位，便会存在极大的不适应。所以我们要提醒自己，竞赛一定要以学生职业能力发展为中心开展工作，要回归到职业能力提升的人才培养本质上来，切莫因功利心而本末倒置，影响学生的职业化发展。

3. 职业院校的专业与课程设置对接区域经济发展需求

美国的各社区大学是为了满足当地学生对高等教育和职业教育的

需求而设立的，办学经费也主要由当地区域税费承担。所以学校课程与专业设置必须要首先为当地经济发展服务，必须要考虑当地的就业方向，同时还要考虑该就业方向的工资待遇水平，只有工资待遇水平高于当地平均水平的就业方向课程，才允许开设。例如，当地社区的生物制药产业发达，学校必定有较强的环境科学和化学方面课程与专业与之对应。服务于当地产业发展的办学目标，为学校新专业开发指明了方向。比如林肯社区大学，因当地社区以农场为主，各农场作物对于水资源的要求较高，且各家农场主也愿意出高薪聘请该方面的技术专家就业，该社区大学便于 2017 年开设了对口的新课程群——水资源检测，并于当年 8 月 28 日正式开课。

动漫专业赴美培训学习考察小结

黄嘉平

2007年9月9日至10月3日，本人参加了由广州市人事局组织的“广州市软件和动漫专业技术管理人员及师资赴美学习培训班”学习，在美国培训学习共25天，培训学习的机构为美国黑格斯敦商学院（卡普兰学院）。

一、培训学习的基本情况

美国卡普兰学院成立于1938年，作为由国家外国专家局推荐的一个专属机构，是集学历教育和培训为一体的教育机构。这次学习培训主要从以下几个方面进行：

1. 了解美国动漫产业基本情况

培训期间，美国卡普兰学院教师介绍了美国动漫产业的总体发展情况，美国高新技术在动漫产业中应用，世界动漫文化及产业发展趋势，美国动漫产业培训架构、认证体系和美国动漫产业人才需求等情况。通过培训学习，我们对美国动漫产业的发展、现状有了一定的了解和认识。

2. 考察美国动漫产业技术培训认证体系

由美国卡普兰学院两位教师为我们介绍了美国动漫产业技术培训认证体系，重点介绍了美国卡普兰学院动漫产业培训认证体系（GAP），认证体系的项目开发、项目调研、组织教学培训和具体认证的实际操作等内容。我们通过动漫产业认证体系（GAP）的详细情况了解和培训，学习了认证体系架构、动漫技术所培训学习的内容、学习所需要的时间和证书通过的评价体系，并对动漫技术中常用几种动漫制作软件进行了学习。

3. 动漫传媒机构参观学习

培训机构组织培训班教师参观了美国动漫传媒机构、动漫制作公司、当地电视台、本地一家报社、教育培训机构、美国好莱坞制作公司、黑格斯敦职业中学等。

4. 在动漫作品和设计技术方面进行了技术交流

培训过程中，我们还和培训机构进行了技术方面的交流，观摩了在美国卡普兰学院的通过认证体系（GAP 证书）培训班学习的学生作品展示，培训班的教师们也展示了我们学校学生的作品，同行之间进行了深入的技术和知识方面的交流。

通过这次培训学习、调研，我们学习了解到美国先进的动漫制作技术、美国动漫产业发展情况和美国动漫产业认证体系。特别是卡普兰学院的动漫产业培训认证体系（GAP 证书），体会了它的科学性、合理性和实效性等，有许多方面是我国动漫产业可以借鉴的地方。这次学习为我们开阔了视野、增长了知识，对美国教师们认真负责的工作态度、敬业精神和专业技术能力有了深刻认识，这些是值得我们学习的。

二、几点思考

美国动漫产业认证体系是基于美国的教育体制、文化背景、专业技术和产业化需求等方面，培训的架构分为初级、中级、高级 3 个层次呈“金字塔”形，按不同的学时任务来完成各自学习目标，最后取得认证证书。经过实践证明，这一体系是成功的，得到企业和社会的认可，是符合美国动漫产业要求的。但由于它没有统一的教材、教学计划、考试大纲和标准化考试，评价体系是以教师为评价标准，重点抓师资培训和社会认可度。从这方面来看，与我国相关专业的教育和培训的评价体系（应试教育）是有不同的，因此如果要引进就必须对原有认证体系进行调整和修改，从而符合和适应我国的实际情况。

如果对美国动漫产业认证体系引进并运用，还需要调研我国动漫产业行业、动漫制作公司和传媒机构等的需求，以及他们对产业的技术要求和人才要求，使建立的认证体系是被动漫行业所能接受的、受欢迎的认证体系和评价体系。

个人建议：到与我国文化差异性和历史背景相差不大的，而动漫产业较为先进的、发展较好的国家考察和调研（比如日本和韩国等）；建立动漫产业培训和认证基地及动漫产业人才交流库，人才交流库可包括动漫产业培训的专业师资队伍，动漫产业领先的行业专家队伍，网上人才交流平台等。

美国社区大学课程体系特色与启示

焦计划

一、基本概况

参观调研美国社区大学，给我印象最深的就是他们基于学生成和长发展需求的私人定制式培养模式。这种培养模式的基础有两个：一是完全学分制的教学管理；二是严格规范的课程开发。

美国学分制正式成形于19世纪末的美国纽约州立大学。它的本意是为打破学年的限制，以定量的学时为单位计算学习量，使学生有可能自定学习负荷和学习进度及顺序，从而适应个性化需求。学分制一般采取与选课制相结合的方法：一方面，教师可以发挥专业所长，开设各种课程供学生选修；另一方面，学生可以有机会根据自己的情况选择学习内容和进度，获得较好的学习效果。而且学分制下，学生可以提前和推迟毕业时间，如有必要也可以暂时中断学业，分阶段积累学分，直至毕业。

当前全美有1 200多所社区大学，全部实施了学分制。学生进入社区大学后，在教学顾问的指导下有两种选择：转学课程和应用科学副学士学位课程。转学课程完全为相关大学量身定制，课程修完并取得相应的学分后，可以申请进入四年制本科院校继续学习并取得学士学位。在社区大学中，一门课平均15~18个学时1个学分。应用科学副学士学位课程与职业岗位对接，修满60~68个学分后，可以取得相关专业的副学士学位并直接就业。

二、社区大学课程体系特点

1. 学分互认，纵横贯通

学分互认有横向互认和纵向互认。首先是社区大学与四年制本科院校之间的纵向学分互认：在转学课程体系中，社区大学开设公共基础课程，基本与四年制本科院校大一、大二课程相匹配。修完相关课程并取得学分后，学生申请转入相关四年制本科院校继续学习，同时将学分带入本科院校，因此只需从大三相关课程开始学起。其次是高中与社区大学之间的纵向学分互认：美国加入 CTE 体系的相关高中，均因地制宜地开设了相关职业教育课程，如汽车维修、商务管理、烹饪等，学生取得的相关课程学分均可以直接带入社区大学。最后是系统性社区大学各分校之间的横向学分互认：系统性社区大学一般有多个校区，各校区虽然独立运作，但所有课程的学分可以直接互认。

2. 规范严谨的课程开发流程

美国社区大学课程的开发具有一套严格的流程，需要经过反复的咨询与审批才能开课，一个专业平均的开发时间长达 2 年。社区大学每个专业均设有咨询委员会，一门课的目标、内容等需要与咨询委员会反复确认和修订，完成后提交给校级课程委员会进行审核，最后提交到州社区大学委员会审批，通过后才能开始实施。此外，专业咨询委员会平均每年还召开 2 次以上会议，研讨行业企业最新的要求和技术发展趋势，探讨专业课程的修改需求。这种严格的开发审批流程，确保了专业开发的严谨性和课程的适用性，实现了课程内容与职业岗位工作内容的对接。

3. 以课程为中心，淡化班级、年级界限，实现完全学分制

在美国社区大学里，没有班级的概念，学生完全根据自己所选课

程上课学习。社区大学同时也没有年级的限制，学生可以根据个人学习能力和学习兴趣，任何年级的课程均可以选择。学校为方便学生学习，一般同一门课程在多个时段均有开设。这种完全以课程为中心的教学与学习模式，为学校和学生带来了无限的灵活性，同时也增加了学生的社交空间，增进学生之间的了解和交流。

4. 打破年龄限制，实施终身教育

美国共有 1 200 多所社区大学，拥有 1 000 多万注册学生。社区大学的学生平均年龄是 29 岁，40% 的学生 21 岁以下，60 岁以上的老人大学生也十分常见。在所有注册学生中，60% 的学生是边工作边读书，实现了整个社会的终身教育。以我们参观交流的伊利诺伊州开顿社区大学（Triton College）为例，在校学生中业余学习学生比例高达 74%，平均年龄 32 岁。

5. 大力开发网络课程

美国网络基础设施完善，社区大学信息化程度较高，各社区大学利用 Google Class Room，Blackboard（毕博）等课程管理系统（LMS），积极开发和使用网络课程，开展在线学习与远程教学，以更好地满足各类人员学习的需要，同时也降低自身的办学成本。如我们参观交流的德锐大学，20% 的课程已经网络化。学生通过该校搭建的 Blackboard 课程管理系统，可以实现与任课教师之间、与学生之间的全方位在线交流和互动学习。

三、学习感悟与建议

经过近十几年的快速发展，广州市成为全国技工教育的标杆，形成了技工教育“广州模式”，在学分制管理、大专套读、课程开发等方面均具有鲜明特色，但同时也存在诸如没有统一课程标准、学分制只是简单的套学分等问题。这些问题不解决，将严重制约广州市技工教

育的突破性发展。结合美国社区大学的特色和优势，笔者提出以下几点建议：

1. 统一课程标准，实现人才评价规范化

在市教研室的领导下，各学校已经对专业名称进行了规范化，下一步需要对课程标准进行规范化，相同课程制定统一的课程标准，各学校按照统一的标准执行教学。这不仅有利于建立统一的评价体系，也能为进一步的学分横向互认打下良好的基础，还可以减少重复开发、节约社会成本。

2. 实施完全学分制

学分制的核心和精华就是弹性学习，学生可以根据个人爱好和时间安排自己的学习。当前广州市各校在订单班、校企双制班等学生的学习安排上出现各种困难，根本原因是我们的教学不是以课程为中心，学生不能较为自由地安排学习时间，导致各种模式班级之间课程时间上的冲突。因此，实现完全学分制，打破班级、年级壁垒，建立以课程为中心的学习模式迫在眉睫。实现完全学分制，可以破解专业资源不足、校企双制培养、学生因工作退学、学生转专业、职工在职学习等一系列难题。

3. 建立更高层次的专业建设咨询委员会

由市教研室牵头，成立广州市技工教育专业咨询委员会，为各学校的专业调研提供更加科学、准确的数据，为专业开发和建设提供更有效的技术支持。这不仅能提高专业建设的针对性、科学性，减少各校独自运作的风险，还可以大大降低专业开发成本。

4. 建立统一的课程管理系统平台

课程管理系统（LMS）与 MOOC 完全不同。课程管理系统强调的是学习者与授课教师之间通过平台形成的交互，可以包含视频、动画、音频、图片等各种资源，授课教师可以通过系统设置作业、测验、游戏、讨论、程序等丰富多彩的交互活动。通过交互，学生在授课教师的引导下通过系统自主学习。建立统一的课程管理平台，构建资源开发与共享机制，激励广大教师积极参与网络课程建设，开发出优质的网络课程资源，各兄弟院校之间共享网络课程资源，学生可以选择不同学校开设的课程自由学习。建立统一课程管理系统平台，首先可以节省大量重复建设成本；其次能更加有效地利用企业技术骨干，让他们方便成为学校兼职教师，参与课程建设和授课活动；最后能使统一课程标准落地，实现相同专业培养出同样规格的技能人才。

5. 实施进阶教学改革设想

当前我们广州市交通技师学院开设的各专业名义上实施了学分制，但仍然是套学分，本质是学年制。信息技术产业系虽然实施了工作室教学模式，打破了年级、班级的限制，但教学仍然是按学期、学年顺序推进。技工院校学生之间学习能力差距明显，能适应的学习进度存在较大差异，传统的学年制教学与这种学习者个体学习差异之间存在矛盾，这也是技工院校学生流失率较高的一个重要原因。结合美国社区大学课程体系和教学管理的优点与特色，解决这种矛盾的可行做法是：在一体化课程开发的基础上，重新梳理相关专业课程，一个专业实现与岗位群中的3~4个有梯度的岗位对接；在教学管理上实施进阶制，一个岗位对应的几门课程必须达到要求后才能进入高一级岗位课程学习，否则必须重修，直至完全达到要求；学习年限结束时，只要有一个岗位的课程全部合格即可正常毕业。

第二章　加拿大

赴加拿大学习总结

任惠霞

2005年10月11日至2006年2月11日，我们一行24人受广东省劳动和社会保障厅委派到加拿大卡尔加里市南阿尔伯特职业技术学院进修学习4个月。现将这4个月内所学、所见、所感、所想总结如下。

一、基本情况

这次赴加拿大的培训班共有来自不同技工学校的教师23名及广东省劳动和社会保障厅领队1名，共24人。我们在南阿尔伯特职业技术学院（以下简称SAIT）进修学习整整4个月，学习基本情况如下。

1. 走进课堂，学习SAIT的教学模式

到卡尔加里市的第二天，我们就到SAIT参加了开学典礼并到各系选课，我选修了Digital（DIGI240），AdvancedPLC（CNTR346），Computer modeling（MNFG333），Electrical Applications（ELEC322），Electronic components（ELER293）等课程。

2. 参观访问，学习加拿大先进的教育及管理理念

我们参观了Jack james职业高中（Jack james vocational high school）、Bow valley学院（Bow valley college）、Art smith航空中心（Art smith aero center）、Nortel，以及SAIT的各大实验室，如机械制造（MA）、汽车运输（Transportation）、能源（Energy）、卫生健康

（Health & Public safety）、计算机（Ict）、建筑（Construction）等实验室及实习工厂。此外，我们还参观了 Open house of Calgary technologies Inc.，Playground fair，Sustainable communities youth，Police service，City hall，Court 等。

3. 参加职业训练班，进一步提高教学技能

我参加了英语培训班（English as Second Language）的学习，演讲训练班（Toast Master），以及 SAIT 开发的专门训练教师的 ISW（Instructional Skills Workshop）训练班的培训，进一步提高了教学技能。

4. 参加专题讲座，深入了解加拿大文化及教育体系

我参加了　系列的 ITS（Instructional Technique Seminars）专题讲座，如 SAIT 的对外关系事业发展讲座、SAIT 教学管理体系讲座、中外教学课堂实验室对比讲座、发展和教育者讲座，加拿大多元文化政策、学徒工制、课程设计、对教师的评估等，更深入地了解了加拿大文化及教育体系。

5. 主动积极学习，抓住一切机会汲取知识

除以上学习外，我利用业余时间到 SAIT 图书馆、卡尔加里市图书馆查阅资料、借阅图书，主动约见相关教师及向管理者请教，积极地抓住一切机会学习。

二、主要的收获和体会

1. SAIT 基本情况

SAIT 位于卡尔加里市中心，占地 100 英亩，拥有 16 幢大楼、168 间课室、68 间网络课室、262 间实验室和实习工场、71 间计算机室、2 200 台计算机、14 000 个网络接口。该学院创办于 1916 年，

是北美第一间以公费设立的技术学院，现有员工近 2 100 人，拥有 4 个 Applied bachelor degrees、74 个 Diplomas and certificates、29 个 Apprenticeship and pre-employment Training 及 1 900 个培训课程。其办学资金中 47% 是来自政府拨款，53% 来自个人或公司捐助及学费收入。每年培训学生 7 万多名，其中 Aiploma 8 100 人、Applied bachelor degree 765 人、学徒工 5 200 人、短期继续教育培训达 56 000 人。1999 年 6 月，成为第一家在加拿大通过 ISO 9001 认证的技术学院，毕业生就业率达 98%、雇主满意率 99%，平均每个班仅 21 人。

2. SAIT 对教师的雇用、培训及评价

（1）SAIT 对教师的雇用。SAIT 有 937 名正式合同制教师（Salaried and contract instructors）和 1 125 名辅助工作人员及外聘教师（Support staff and administration）。SAIT 的聘用教师都是对外招聘，内部教师可参与公平竞争。聘用的最基本要求是具有 5 年企业实际工作经验、专科以上学历、参加指导技能训练并通过测试，并要求具有良好的语言表达能力，且熟悉本行业工作。

（2）SAIT 对教师的培训。加拿大非常重视教师的继续教育学习，一般各学校都有专门的部门负责对教师的培训。SAIT 开发的 ISW 课程就是专门对教师培训的课程，授课的教师必须取得 ISW 的结业证书。SAIT 有多达 1 900 个培训课程，只要教师愿意，可随时免费注册去听课学习。每年 5 月、6 月是教师进修时间，一般由教师自己联系进修单位，或进大学或进企业，学院给报销所有学费和交通费。通过进修，教师能始终站在行业前端，将最新专业知识教给学生。

（3）SAIT 对教师的评价。SAIT 对教师的评价由 CTID（Center for technology and instructional development）完成。CTID 并不直接对教师进行检查考核，而是组织学生对教师进行评价。每学期的第 12 周、第 13 周随机地、平均地挑选被评估的教师的课程，一般每学期选择每位教师的两门课程进行评价。评价前 CTID 要给学生做动员，引导学生对教师进行评价，不可人身攻击。评分结果不公布，仅交给各系、各科室，由主管领导亲自与教师谈话。评价的目的是帮助教师解决问题、提高教学质量。

3. SAIT 的教学与实习

SAIT 的教学因教师的不同而不同。因管理者从不监督教师教学过程，教师教学完全由学生监督和评价，因此教师有较大的自由度。不同的教师上课，风格会完全不同，但综合来看有以下特点：

（1）课堂教学活跃，师生互动性强。

（2）多数使用多媒体课件教学。

（3）教学与实验实习时间基本为 1 ∶ 1。

（4）教师习惯于问学生“Any question”，每讲完一个知识点就问一次，而学生也喜欢提问，只要不懂，随时提问。

（5）学生在课堂上较自由。

（6）实验室、实习工场的安排布置和企业工作场景完全相同，学生毕业后走上工作岗位没有陌生感，能够很快开始工作，不需要再学习、适应。

（7）每次课堂开始时教师会发给学生所教课程的教学大纲、教学进度安排、评分标准、指定教材及教学参考书目等。

（8）每次实验、实习发给学生实验指导书、工作页，学生按指导书完成工作页及有关练习。

4. SAIT 对学生的管理和评价

SAIT 对学生的管理非常松散，学生到校仅是选择课程学习，学生档案只是各课程的成绩、学分。学生一入学就分配一个学号，此学号终生有效，所修学分 10 年内都有效。对学生的成绩评定一般由平时成绩和期末成绩组成，而且平时成绩比期末成绩所占比重大得多。

SAIT 考试时将学生集中到大课室甚至体育馆进行，几百人同时考试，仅 4 ~ 5 位教师监考，但没有任何人作弊。

加拿大大学的淘汰率非常高，例如，SAIT 的机械制造专业 2004 级学生新入学时有 32 人，一年后仅剩下 18 人。

5. 实验室建设

SAIT 注重实验室建设，实验设备突出实用，学校要求实验室建设必须做到“在校做的就是企业做的”，突出应用企业真实场景教学。各专业科室、教研组长经常参加各种专业学术会议、展览会，发现新的设备、新的技术就派人去购买、学习，一个人学会了再回来教其他人，这样保证了学校教师始终站在行业最前端，传授给学生的始终是行业最新技术。

SAIT 的实验室无专人管理，每位使用的教师都有钥匙，一般由使用实验室最多的教师管理。其他教师也有责任维护好实验室的秩序，使用结束要将所有物品恢复原状。若需购买设备，则由教师提出，再由后勤部门及时购买。

6. SAIT 的对外关系与校企合作

SAIT 非常重视对外关系和校企合作，有专门主管外事的副校长负责市场调研、招生就业、与政府企业和毕业生的联系等。SAIT 的快速发展也就是在近 10 年内，他们认识到：“只有与众不同才能赢得你需要的，你必须与众不同！”因此，成立了对外关系发展部，集中与外界的联系，让 SAIT 了解世界，让外界了解 SAIT。

SAIT 非常重视与企业的关系，学院设置有 1 个校长指导委员会、15 个行业指导委员会、68 个专业顾问委员会。校长指导委员会由各大公司的 CEO 组成，每年召开 3 次会议，讨论世界需要哪方面人才及学校的发展方向；行业指导委员会由相关行业企业 CEO 组成，主要讨论行业发展趋势，形成战略方针；专业顾问委员会负责提供专业信息，讨论专业开发建设、课程设置、教学内容及大纲等。

学校还十分重视与政府的关系，因为政府是学校最大的投资者，学校专门聘请了一位专家管理与政府的关系。他们认为：如果你让政府认为你的学校与众不同，则政府会源源不断地给你投资。所以，你必须与众不同！否则，你就会和别人一样。

学校还特别重视与毕业生间的联系，学校敞开大门让他们提意见，给他们派发学校的宣传资料，让他们了解学校、关心学校，为学校献计献策、献资金、献设备。

7. 加拿大的学徒工制

加拿大普遍实行学徒工制，任何工种都必须经过培训考核，持证上岗。一般高中毕业生可直接到企业找工作，企业录取后将其送往职业学校培训 4 年，通常每年先在学校学习 2 个月，然后再到企业实习 10 个月，这样连续 4 年，学生通过测试后才可以取得技工证书。

三、思考和建议

1. 关于校企合作

当今社会的技术发展日新月异，职业教育必须用明天的技术培养今天的学生，必须站在行业的最前端。学校要建立真正起作用的专家咨询委员会，各专业建立专业委员会负责审定教学大纲、教学计划和各课程所开设的内容。

加强各专业科和招生就业的联系，专业科要积极参与到招生就业工作中，利用专业优势，宣传好学校、宣传好自己的专业，宣传好自己的学生，同时了解企业需求。负责招生就业的老师要兼做专业信息员，及时将企业用工信息、职业要求反映给专业科。

2. 关于学生教育

对于学生教育，首先要提高服务意识，做到领导为教师服务，教师为学生服务。对学生要多鼓励少批评。在加拿大，学生无论在成绩上表现得多么差，教师也不会说学生差，而是说“你如果……就更好了”，教师总能找到学生的优点去表扬他。加拿大有一所中学的墙上写着“Everything is right”。

在教学中要发现不同学生的学习特点，课堂设计尽可能照顾到不同的学生。有的学生善于听、有的学生善于读、有的学生善于复述、有的学生善于做，课堂教学可运用多种方法，调动学生的积极性。

3. 关于教学研究

重视教学研究对学校、对教师个人都有好处，是双赢。其实很多教师有很多新思维、新想法，但不总结、不归纳，让闪光点像流星一样滑过。教师要善于总结归纳，及时地抓住脑中忽然闪现的发光点，记录下来，并有针对性地去收集资料、去学习、去探索、去总结，进而升华到理论与实践中，写出有用的、真实的感受，那么优秀的论文和科研成果也就出来了。

“你必须与众不同”
——谈加拿大南阿尔伯特职业技术学院

任惠霞

加拿大南阿尔伯特职业技术学院（以下简称 SAIT）创办于 1916 年，是北美第一家以公费设立的职业技术学院。它占地 100 英亩，拥有 16 幢大楼、168 间课室、68 间网络课室、262 间实验室和实习工场、71 间计算机室、14 000 个网络接口。其办学资金中 47% 来自政府拨款，53% 来自个人或公司捐助及学费收入。每年培训学生 7 万多名，其中应用学士学位本科生 700 多人、大专生 8 100 人、学徒工 5 200 人、短期继续教育培训 56 000 人。1999 年 6 月，SAIT 成为第一家在加拿大通过 ISO9001 认证的技术学院，其毕业生工作能力强，深受企业欢迎，毕业生的薪金往往超过正规的大学学士学位获得者，因而吸引了很多已大学毕业的学生前去进修，其毕业生就业率达 98%，雇主满意率达 99%，同时吸引了大量的个人及企业为学院捐助资金或设备。这一切都与学院的信念——“你必须与众不同”是分不开的。

一、重视对外关系，做到与众不同

SAIT 非常重视对外关系，有专门主管外事的副院长负责市场调研、招生就业、与政府企业和毕业生的联系等。SAIT 认识到：只有与众不同才能赢得你需要的，你必须与众不同！因此，成立了对外关系发展部，集中与外界的联系，让 SAIT 了解世界，让外界了解 SAIT。

1. 重视与企业的关系

SAIT 非常重视与企业的关系，有 1 个院长指导委员会、15 个行业指导委员会、68 个专业顾问委员会。院长指导委员会由各大公司的 CEO 组成，讨论世界需要哪方面人才及学院的发展方向。行业指导委员会由相关行业企业 CEO 组成，主要讨论行业发展趋势，形成战略方针。专业顾问委员会负责提供专业信息，讨论专业开发建设、课程设置、教学内容及大纲等。这样，使得学院的教学与企业紧密结合在一起，有效防止了学校自己闭门造车，教学内容始终是行业中最实用的。

2. 重视与政府的关系

学院还十分重视与政府的关系。学院决策者认为政府是学院最大的投资者，因此学院专门聘请了一位专家管理与政府的关系。他们认为，如果你让政府认为你的学院与众不同，则政府会源源不断地给你投资。所以，你必须与众不同，而且要让政府知道你与众不同。

3. 重视与毕业生间的关系

学院还非常重视与毕业生间的联系。学院认为毕业生是学院的最大资源，有专人负责与毕业生进行全方位的联系。学院敞开大门让他们提意见，给他们派发学院的宣传资料，让他们了解学院、关心学院，为学院献计献策、献资金、献设备。1998 年，有一名毕业生为学院捐资 1 000 万美元，创下了当时的个人捐资记录。

二、加强实验室、实习工场建设，做到与众不同

1. 建设实验室，做到“在校做的就是企业做的”

SAIT 注重实验室建设，实验设备突出实用，学院要求实验室建设必须做到“在校做的就是企业做的”，突出应用企业真实场景教学，实验室、实习工场的安排布置和企业工作场景完全相同。因此，学生毕业后走上工作岗位没有陌生感，能够很快开始工作，不需要再学习、适应。

2. 学习新技术，保证教给学生的都是最新的

SAIT 要求行业中出现的新技术、新设备学院必须尽快拥有。为

此，各专业科室、教研组长经常参加各种专业学术会议、展览会，发现新的设备、新的技术就派人去学习、去购买，一个人学会了再回来教其他人。此外，教师们都与相关企业有密切联系，经常到企业实习、调查，这样保证学院教师始终站在行业最前端，传授给学生的始终是行业最新技术。

3. 给企业空间，让企业来建设学院实验室，实现院企双赢

走进 SAIT 的实验大楼，你常会看到一个个实验室都挂着企业的铭牌，实验室的名字就是企业名。这是因为 SAIT 每年培训 7 万多名学生，毕业生深受企业欢迎，已拥有相当的知名度，企业愿意回报学院，同时也宣传自己，而学院给企业空间，欢迎企业到学院建立实验室。这样，学院不花一分钱就能得到最优秀的实验设备，实现了学院和企业的双赢。

三、加强对教师的培训及评价，做到与众不同

1. SAIT 对教师的雇用——把有能力的人纳入教师队伍中

SAIT 有 937 名正式合同制教师和 1 125 名辅助工作人员及外聘教师。 SAIT 对教师的雇用都是对外招聘，内部教师可参与公平竞争。聘用条件一般要求熟悉本行业工作、具有 5 年企业实际工作经验、专科以上学历、参加指导技能训练培训并通过测试，同时要求具有良好的语言表达能力。SAIT 的口号是：“把有能力的人纳入教师队伍中。”当发现有合适的人才时，学院往往不惜重金聘请，这样使得学院拥有一批高素质的员工队伍。

2. SAIT 对教师的培训

SAIT 非常重视教师的继续教育学习，学院有专门的部门负责对教师的培训。SAIT 有多达 1 900 个培训课程，只要教师愿意，可随时免

费注册去听课学习。每年 5 月、6 月是教师的进修时间，一般由教师自己联系进修单位，或进大学或进企业，学院给报销所有学费和交通费。通过进修，教师能始终站在行业前端，掌握最新专业知识。

3. SAIT 对教师的评价

SAIT 的教学因教师的不同而不同。因管理者从不监督教师教学过程，教师教学完全由学生监督和评价，因此教师有较大的自由度，不同的教师上课，风格会完全不同，教师得以充分发挥自己的个性。每门课的第一次课上，教师会发给学生所教课程的教学大纲、教学进度安排、评分标准、指定教材及教学参考书目等，这样学生很清楚地知道自己需要学什么。如果教师不能很好地完成教学，则学生给教师的评价就会较差。

SAIT 对教师的评价由技术指导发展中心（CTID）组织完成。CTID 并不直接对教师进行检查考核，而是组织学生对教师进行评价。每学期的第 12 周、13 周随机地、平均地挑选被评估的教师的课程，一般每学期选择每位教师的两门课程进行评价。评价前 CTID 要给学生做动员，引导学生对教师进行评价。评分结果不公布，仅交给各系、各科室，由主管领导亲自与教师谈话。评价的目的是帮助教师解决问题、提高教学质量。

四、积极开展学徒工培训和继续教育培训，做到与众不同

加拿大普遍实行学徒工制，任何工种都必须经过培训考核、持证上岗。一般高中毕业生可直接到企业找工作，企业录取后将其送往职业学院培训。通常每年先在学院学习 2 个月，然后再到企业实习 10 个月，这样连续 4 年，学生通过测试后才可以取得相关证书。

SAIT 除了抓好学历教育外，还积极开展学徒工培训和继续教育培训。学院结合自身实验设备优势，想方设法开发短期培训课程，做到人无我有、人有我精。目前，SAIT 已开设了 29 个专业的学徒工培

训项目，每年培训学徒工 5 200 人，开发了 1 900 多个继续教育培训课程，每年到 SAIT 参加继续教育培训人员达 56 000 人左右。SAIT 每年学徒工培训和继续教育培训的学生人数占全部学生数的 87.4%，远远多于学历班学生人数。这些培训既扩大了 SAIT 的影响，又增加了学院的收入，做到了名利双收。

纵观 SAIT，其注重对外关系，注重实验室、实习工场建设，注重教师的培养，注重开展各种培训，力求做到“与众不同”，这样一步步使得学院走向卓越、走向成功。这些都是很值得我们学习借鉴的。

当然，借鉴外来的东西必须结合我们的实际。如何更好地将国外好的方法、理念与我们学校实际情况结合起来，使学校逐步走向卓越、迈向成功，需要大家更进一步地研究和探讨。

第三章 英国

做一个反思型教师

周国祥

“轻轻地，我走了，我还想轻轻地来。我轻轻地挥手，带走了在英伦的满满收获……” 2017 年 10 月 22 日到 11 月 11 日，在广州市人力资源和社会保障局以及广州市对外人才交流服务中心的安排下，我有幸被学校选派到英国参加为期 3 周的 TESOL（对外英语教学）培训学习。此次学习的形式丰富多样，有专家授课、有参观、有交流，收获颇丰。作为一名多年从事英语教育教学的教师，能够亲身前往英语国家学习英语、体验英语文化一直是我的梦想。古人云：“独学而无友，孤陋而寡闻。”通过这次学习，不仅让我更新了英语语言教学理念，学到了很多实用有效的教学技能，巩固了教学基本功，增强了我的英语语言能力，同时也让我开阔了眼界，增进了友谊。

一、学习研修概况

本次英国培训主要在伯明翰学院（Birmingham College）完成，最后一周的汇报和结业仪式在伦敦举行，由具有丰富教学经验和培训经验的 Linda Aston 教师主讲，期间还有伯明翰学院副校长 Rafael Salguero 先生，同时也是资深的雅思（IELTS）考官，给我们就英语教师应当如何具备语言严谨性上了生动的一堂课。本次培训学习的主要内容有：

（1）英国教育体系介绍（The English Education System）。

（2）英语语言意识（The Study of English and Language Awareness），包括语音、语调、俚语和俗语等。

（3）个体学习者档案的重要性（The Individual Learner Profile，ILP）。

（4）训练学生听、说、读、写的技巧（Teaching of Four Language Skills）。

（5）英语课堂教学的技巧和方法（Teaching Techniques, Methods and Approaches）。

（6）教学方法（Teaching Skills），包括同伴互教（Peer teaching）等。

（7）课堂测试和评估的方法（Methods of Assessment and Testing），包括形成性评价与终结性评价（Formative & Summative Assessment）。

（8）教学设计（Lesson Planning）。

（9）有效利用教学手段和媒介（Effective Use of Aids and Resources），如多媒体、互联网等。

（10）如何开发教学资源成为一名极具创造力的教师（Developing and Improving Teaching Materials）。

（11）课堂管理与组织（Classroom Management & Class Organization），包括课室布置、教师的作用、与学生互动等。

（12）微课教学（Micro Teaching）。

（13）同行观察（Peer Observation）。

（14）反思型教师（The Reflective Teacher）。

此次学习的内容丰富、时间紧凑，每次上完课都有作业与讨论，最后一周进行小组汇报和个人论文及教学设计展示。功夫不负有心人，我们都合格通过培训，取得 TESOL 证书。

二、文化交流

每个周末，主办方都安排我们去参观不同的地方，并安排教师全程解说，有莎士比亚故居斯特拉特福特（Stratford）小镇，有考文垂市被“二战”炸毁的教堂，有牛津大学、剑桥大学，还有大英博物馆等，浓郁的文化氛围、人文气息让我们感受到英伦文化的独特魅力。沿途满眼的草地和蓝天白云，让我们感慨英国从昔日的“雾都”到如今的青山绿水的巨大变化。特别是在伦敦，给我留下了深刻的印象：公交车都是红色双层车，给城市平添了几分生气；出租车都是老款的黑色方头车，让你恍惚见到了老伦敦“老爷车”的景象；英国还实行着夏令时。在伦敦出行也十分便利，一张地铁券便可跑遍全城，不过乍一看那些复杂的线路图，还有那么长的英文站名，真的很晕，不过适应两天后，基本上就习惯了。漫步在伦敦街头，仿佛漫步在西方古老的文明画卷中，锦绣的风光中掩映的是古老帝国的沧桑，宏伟的建筑里折射的是西方文明的辉煌。

三、收获与思考

俗话说：“读万卷书不如行万里路。”短暂的英国学习和调研、交流，让我感受到了完全不一样的异域文化。此次学习，使我开阔了视野、更新了理念，给我的思想带来了深刻的触动和思考，其中给我留下印象最深的是如何成为一名反思型教师。反思型教师就是要带着思考的大脑，从教师每天平凡的教学工作中通过思考，时刻解剖自己日常教育实践，并实现不断成功超越和提升自己的教育境界。这里的“思考”主要指“反思”，即对自己教育行为乃至每个教育细节的审视、质疑、肯定、否定等。孔子的“吾日三省吾身”就是这个意思。

众所周知，教师的工作是一个复杂的“技术活”，教育教学是一项复杂的认识与实践活动。反思型教师的反思性实践包括对教育实验的反思，如果能够以科学的态度进行反思，即使失败了的教育实验，也是一笔财富；而对于成功的实验，同样需要以科学的眼光进行实事求是地剖析和评价。比如我们常说的行动导向教学法，以“任务导向进行驱动”，在教学过程不再以传统的教师讲授为主，而是“教师引导学生、学生成为课堂主体”的一种教学模式，激发和培养学生的学习兴趣。事实证明，采用“行动导向”教学，可以变抽象为具体、变枯燥为有趣，当学生完成某一任务后，内心就会产生一种成就感、一种喜悦感、一种冲击力，这种力量不仅增强了学生的自信心，还提高了学生学习知识和技能的兴趣。反思型教师的反思性实践还包括对教育行为的反思，这种反思不仅仅是针对明显的教育失误，也包括对自己一切教育教学行为的反思，比如和学生谈一次心、组织一次班级活动，甚至和学生交往过程中的某一个蕴含教育因素的细节，都可以成为我们反思的内容。再如，我们都遇到过这样的情况，同一个教学设计，同一位教师在不同班级，会上出截然不同效果的课。这会让我们反思英语教学活动的主体——学生群体，每个学生的生理、心理、情绪、状态等都存在差异，并且在教学过程中易受各种因素的影响而发生变化，这直接导致教师在教学组织的许多环节中常常是随机应变的。

由此可见，教师对教学及时而恰当地进行反思十分重要。有专家表示，反思教学就是“教学主体借助行动研究，不断探究与解决自身和教学目的以及教学工具等方面的问题，将‘学会教学’与‘学会学习’结合起来，努力提升教学实践的合理性，使自己成为学者型教师的过程。它区别于教师凭自己有限的教学经验进行的简单重复的教学即操作性教学（又称‘经验性教学’）”。这也是一名教师避免成为“教书匠”的修炼手段。

然而，教学又是一种复杂的任务，反思起来非常困难。通过这次英国培训学习，我总结出以下方法可以达到反思的效果：运用教师日志（Teacher's diary），即记录自己每天都进行了哪些教学活动以及这些活动实施的效果、影响课堂教学的关键细节等。在教学日志中给自己提出一些问题，如：“我对个别学生的关注够吗？”“我今天最成功的一个教学环节是怎样达成的？”“我是怎样通过教学活动把我的快乐传递给学生的？”“我是怎样达成我的教学目标的？”写日志可以成为教师记录和澄清自己思路的方法。还可以用同伴观察法（Peer observation），以客观的方式观察自己或他人的教学，在有足够的时间和空间的前提下，在教师间形成合作的环境，用以记录课堂情况。利用好学生反馈，每堂课结束后通过学生反馈来反思自己课堂教学的方法，可以让学生来写学习日志，让每个学生根据自己个体的情况表达自己的真实观点，如每堂课所学到的知识，老师课堂教学有哪些不足等。

综上所述，教学反思的对象应该涵盖有关教学的整个过程，包括教学计划的反思、教学过程的反思以及教学评价的反思。因此，我认为一个反思型教师还要从以下几个方面来努力：

首先，要为自己设定目标。一段时间里，教学上要改进的重点是什么，这应该心中有计划。确定反思的目标，聚焦某一点，这样，反思就有了针对性。目标的设定也应该有不同层面，即近期的、中期的以及远期的目标。

其次，经常进行自我评价。一个问题的设计、一次活动的成功与失败，其原因应该是多方面的。反思型教师不会简单地归因为其中某一方面，而是会通过对课堂上师生行为的观察获得反思的信息，从不同的角度反思，并进行有效的调试。

最后，反思活动应该是持续的，反思型的教师在追求自己的目标上，应该表现出坚持不懈的精神。要经常评估自己最近一段时间的进步状况，时刻记住自己的目标，不断调整教学方法以适应变化的环境和成长的学生，朝着自己最终的目标努力。比如，从备课方面反思教学目标是否是学生需要、教学活动的设计是否符合学生的兴趣；从教学实施方面反思教学的组织是否合理；从教学评价方面反思什么时候应该用形成性评价，什么时候应该用终结性评价，评价结果是否有利于全体学生的发展等。另外，还要有反思教学理念、观念更新等。

反思型教师精益求精、与时俱进、缘时而新、因人而异。教师的反思使我们的教育更加完美、更具心灵的感染力。知无涯学无涯、教无止境决定了反思无止境。其实，教师本是在反思中修正、在反思中充实、在反思中渐进的。说到底，要想做一名优秀的英语教师，就一定要同时是一名反思型教师。

短暂的 3 周赴英学习经历，在我的人生画卷中注定将成为浓墨重彩的一笔，令我开阔视野、更新理念，也将对我今后的教学工作产生积极的影响。

赴英国培训个人总结

白莉

为了借鉴英国学校教学教案准备、语言文字训练技巧等方面成熟的经验，提升我市英语教师的教学水平，更新教育教学观念，有效地改变教师非母语英语教学模式，2017 年 10 月 22 日至 11 月 11 日，广州市人力资源和社会保障局与教育局选派了 19 位本市教师赴英国参加“友城合作非母语英语教学技能培训班”。此次赴英培训项目在市人力资源和社会保障局的精心组织和英国伯明翰学院的细致安排下，最终顺利圆满地完成了既定目标。

TESOL培训班开班合影

我很庆幸和感激学校能够给我参加这次难得的培训机会，因此，在整个学习过程中认真学习、记录，积极参与讨论，高质量地完成每日的作业任务，直至最后的毕业汇报。在这次赴英归来的一周时间内，我将整个学习培训过程进行了回忆和梳理，现总结如下：

一、内容丰富的教学安排及触动内心的收获

此次提供教学培训的是英国伯明翰学院。该学院与英国各大学、普通教育学院、职业院校及英语教育资格认证和发证机构之间展开合作，以便提供优质的以职业生涯为导向且价格合理的职业教育和培训。他们开展的 TESOL CPD 培训项目已有多年的成熟经验，主要培训讲师 Linda 老师有着丰富的英语授课教学经验，她从 3 月便开始为此次培训做了大量的备课和筹备工作。负责后勤生活的于校长合理舒适的食宿安排也为大家安心学习排除了后顾之忧。

经过 12 个小时的长途飞行，在抵达伯明翰的第二天一早，我们一行 19 位老师精神抖擞地来到了伯明翰学院，似乎完全没有受到时差问题的影响。Riffle 校长首先带我们参观了伯明翰学院，讲解了该学院悠久的历史传承。随后在简洁而不失热情的开班仪式下，拉开了此次学习培训的序幕。

首先 Linda 老师为我们简单地介绍了英国的教育体制，以及各类学校的培养目的的差异，随即提出了教育的核心理念："The student is the heart of everything."在接下来的培训过程中，无论是从教学方法、教学设计、教师反思、教学效果评估和教师职责来说，我们所围绕的中心都是学生，学生是整个教学活动的中心！其实，我国的孔子早在几千年前提出的"因材施教"也是同理。可见，教育是不分国界的。

课堂的授课是以小组为单位，授课形式以互动式教学为主，让我们切身地体会到了各种教学方法和教学活动的实施效果。这将我们带入了作为教师容易忽略的一点——反思！教师的反思实践是优秀的实践，在这一点上，我确实没有做好，大多数情况下都是按照教学进度和计划去推进教学，教学的方法到底适不适合不同的学生，学生是被动参与教学活动还是主动参与……这些问题我在平时的教学中并没有去着重思考，叶澜教授也说过："一个教师写一辈子教案，不一定能成为名师，如果一个教师写三年反思就可能成为名师。"伯明翰学院的

Linda 老师在整个培训中也是以教师的反思为主线，以学生的接受效果为目的，以学生的阶段性评价及综合评价为指引，开展了一系列教学活动，进行了专业有效的指导。真是受益匪浅，促使了我今后站在更高的层次上反思以前的教学工作，更认真地思考以后的工作方法。

首先，从教学目的上，Linda 老师要求我们要设定多层次的教学目标。教学的目标不仅是单纯的量化目标——分数，而是三维的综合目标，即知识、能力和情感态度。反思国内有些学校的教育，依然存在着片面追求知识和技能的唯一目标，教师单纯地传授知识，以求获得评价学生的量化结果。这样会带来教育的诸多缺憾，不利于学生人格的健全发展。因此，我们在今后制定教学目标时要特别注意培养学生的科学素养，注意学生学习的方法、态度以及情感价值观的培养。以学生的发展为教学中心，教师在教学任务完成后都需要对教学目标的完成过程进行反思，例如，教学目标设置合理吗？教学目标完成的如何？知识目标重点突出吗？难点化解了吗？学生的情感态度如何？等等。

其次，教学的反思还应该注重学生的个体差异。教育的最大使命就是尊重学生的个性差异，尽可能地创造条件发展学生的思维能力，培养学生的思维品质，促进全体学生的共同发展。因此，教师必须根据学生的个性特长，让性格各异的学生独树一帜、发挥所长，让每一个学生都有施展才能的舞台。所以教师要及时反思教学过程中的差异性，反思教学过程是否适用于所有学生，是否还有学生不适应，怎样引起学生的学习兴趣，怎样调动学生学习的积极性，如何让学生实现会学、学会、乐学。

再次，课堂目标的达成需要充满睿智的引导，引导是一种真诚的帮助。Linda 老师为我们示范了多种引导方式，对于不同程度的学生我们要以不同的方式去引导。引导的内容包括学生学习目标的确立、学习资源的开发、学习方式的选择、学习氛围的营造、学习结果的评价以及自我潜能的发挥等，引导是一种精神上的启迪。学生学习遇到困惑时，给予适当的点拨；当学生“山重水复疑无路”时，引导他们步入“柳暗花明又一村”，让学生自己去感悟以化解困惑；当学生学习浮于表面时，给予适当的启示，让学生自己去思考以提升认识。引导还是一种热情的激励，激发学生的学习热情，唤起学生的精神动力，诱发学生的生命活力。教师必须“导放”有度，在新课程理念的引领下，我们要着力培养学生自主学习的能力，让学生学会主动学习，这无疑是明智之举，更是我们的应尽之责。我们不能无视教师的引导，而去追求那种冠以自主学习美名的喧嚣热闹、空洞无物的课堂教学。自主学习需要教师用讲授引导学生思考，并归纳总结思考的结果。学生的思考应该是体验教师讲授的内容，促进师生的互动，促进情感的升华。总之，只有让自主与引导齐飞、学生和教师共舞，才会演绎出自主学习的精彩课堂！

最后，教学评价是教学过程中对教学目标的反馈。它既可以帮助教师判定学生在学习中的优势和不足、监控和督促学生不断进步和提高，也有利于对教师教学效果的评估，帮助教师不断调整和改进教学方法、提高教学质量。传统的教学评价侧重于定量评价，过分强调评价的选拔和管理功能，更多地表现为终结性评价，无论是评价的对象、目的、方式、内容都过于单一。这既不利于学生的健康成长，也容易导致教师只关注学生的学习成绩，而忽视学生的全面发展。因此，我们应对传统的教学评价进行反思，重视学生学习态度的转变、学习过程的体验，重视学生整体素质的提高，尤其是学生的创新精神和实践能力的发展。改变单一的评价方式，实现“他评”与“自评”结合、“过程性”与“总结性”结合，改变学生只是对象的单向评价方式，实现评价主体的多元化。只有如此，才能有教和学的协同发展，最终使学生找到学习的乐趣。

总之，教学反思有利于对经验的归纳、总结。教师随手记下教学中出现的一些思想火花，记录自己的教学轨迹、教学感言、教学感悟、教学经验等，可以补充今后教学之养分。我们要经常反思，形成“反思—教学—再反思—再教学”这样的一个教学链条。唯有如此，才能扬长避短、精益求精，把自己的教学水平提高到一个新的高度和境界。

二、国内外文化差异的碰撞及见闻

虽然在教育理念上，以学生为中心的思想是不分国界的。但是，毕竟中西方文化还是具有一定的差异性，印象最深刻的是关于和学生能否成为朋友的观点之争。Linda 老师认为教师和学生之间不能成为朋友，否则就会失去教师的尊严感。可我们却认为和学生成为朋友会更有助于对学生的了解，有助于更好地开展教学工作。

对于初次到英国学习的我，也有机会了解了当地居民的生活方式和学校环境。在今后的教学中我们更需要注重英语的实用性，比如在当地的餐厅，有好几位英语教师直言看不懂菜单，听不懂一些地道的表达方式。的确，对于没有国外生活经验的英语教师，课堂上教授的都是书本知识，有些脱离实际生活。

在伦敦，我们观摩了 DLD College 的教学课堂。这是一所面向国际的学院，课程设置完善、师资力量雄厚。在课堂上，该学院充分地体现了以学生为中心的教学过程，布置任务、学生完成、教师点评、学生互评、引导学生、自主学习，教学过程完整流畅。参观交流中该学院的院长也向我们展示了学院的教学宗旨：提供安全优质的学习环境，最大程度地发挥个体潜能，确保每个学生都能较好地适应未来的挑战。

在英国培训的 3 周时间，除了从 Linda 老师的授课中获益良多之外，还有机会和国内的同行一起学习、探讨英语教学经验。这对我将来的教学活动和教学研究都起到了积极的促进作用。希望以后能有更多机会出去交流学习，扩大眼界、开阔教学思路，使我们的教育更加实用，使教育事业有更大的发展！

第四章　德国

德国职业教育漫谈
——赴德国学习职业教育体会

任惠霞

2015年6月28日至7月11日，我参加了由广州市人力资源和社会保障局组织的赴德国“广州市技工教育骨干双元制研修班”的培训学习。短短14天，深入了解了德国的“双元制”职业教育体系及学校的办学与管理。德国的职业教育、学校管理、师资队伍建设等带给我很多启示，也必将影响我对学校管理的方方面面的创新。

一、严谨细致、便于实施、监督到位的德国职业教育法

刚到德国的第一天，来不及调时差，我们一行就到了法兰克福黑森州州立技术进修中心参加学习。教师以GROSS-GERAL职业教育学校为例，详细介绍了德国的职业教育体系，初步了解到德国的职业教育法。在到达柏林的第二天，我们又聆听了柏林教育部职业教育处Bleiber先生对德国职业教育法的详细解读，并进行了深入的探讨。

德国职业教育最重要的法律有：《联邦职业教育法》（2005年4月1日将原1969年颁布的《联邦职业教育法》与1981年颁布的《联邦职业教育促进法》合并，经修订后颁布实施）、《手工业条例》（1965年颁布实施）、《联邦青年劳动保护法》（1976年颁布实施）以及配套的相关法律条例如《培训员资格条例》《实训教师资格条例》等。

德国职业教育法详尽地描述了职业教育的方法、路径、内容、教

学大纲，甚至在培养目标、专业设置、学制时间、办学条件、经费来源、教师资格、教师进修、考试办法、管理制度等方面都有明确而具体的规定，形成了一套内容丰富、互相衔接、便于操作的法律体系。同时还设立了一套包括立法监督、司法监督、行政监督、社会监督在内的职业教育实施监督系统，使职业教育真正做到了有法可依、依法治教、违法必究，促进了职业教育健康有序地发展。

二、认可人的个体差异和发展，充分分层又相互贯通的德国教育体系

在德国黑森州州立技术进修中心，我们系统学习了德国职业教育体系，之后又考察了多所职业学校。在这次培训学习中，对德国教育体系的分层与贯通感受深刻。

德国的教育体系十分完备，大体上可分为基础教育、职业教育、高等教育和进修教育四大类。儿童六岁开始入学上一年级，到四年级的时候，根据每个学生的学习情况、智力水平、个人喜好、家庭条件等进行分流，分别进入文理中学、实用中学、实体中学。

文理中学以进入综合性大学为目标，实用中学则以进入高等职业院校和科技型大学为目标，而实体中学则一般以直接就业为目标，层次分明。但各个层次间的课程采用学分制，取得的学分全国有效。德国的进修教育很发达，涉及不同年龄、不同类别的培训，尤其是有各类别层次学校间的差异课程培训，只要取得相应课程的学分，即可进入更高一层次学校学习，这样使得不同类型、层次间的学校相互充分贯通，学生们有更多机会选择自已的道路。

这次来德国才了解到，德国的分层次教育比我国还要严。他们认为，人的智商是有等级区别的，要尊重每个个体的差异性，并给出适合个体发展的教育。不能因为不努力学习的人影响成绩好的人，也不能因为成绩好的人而打击成绩和智商相对较差的人。因此在小学四年级就开始了针对不同层次的分层次教育：成绩好的学生就读好的中学，

拥有更好的发展机会；成绩差的就读职业学校；最差的学生才进入“双元制”学习。但是，德国在教育体系的设计上是十分科学的，那就是只要学生努力，或者智力在某一个时候得到了发展，随时都可以获得读大学深造的机会。

与接受高等教育相比，接受职业教育的学生通常会更早进入职场。这对家庭条件欠佳者来说也是一种不错的选择。如果这些人日后觉得所学不够，依然可以走“第二条教育之路”，即通过上夜校等方式补考高中毕业证，进而申请上大学。

在这次培训中，我感受最深的是德国的学生和家长，尤其是家长也并不是以往我在国内时听到的那样，他们宁愿选择职业教育，而不是综合性大学。事实上，家长们还是希望自己的孩子能够一帆风顺上到综合性大学，因为综合性大学毕业后工作环境更好、收入更高、更容易升迁和取得成功。只是因为孩子的状态、进取心、兴趣爱好如果不适合上综合性大学的话，家长们还是会尊重孩子们的个性差异，选择适合的学校学习。

三、进门难、要求严、待遇高的师资队伍建设

优秀的教师是教育质量的最根本保证。德国对职业教育的师资队伍建设十分重视，建立了一整套严格的制度，明确规定了教师的学历与资历、培训与进修、品德和技能、考核与晋升等，同时也十分注意教师的物质生活待遇。进门难、要求严、待遇高是他们师资队伍建设的主要特点。

德国职业学校理论课教师最低学历为大学本科，须有两年以上从事本专业实际工作经验、通过国家考试、经过两年试用合格后，政府终身雇用、享受公务员待遇、免交社会保险。

通过制度建设，德国形成了一支素质过硬、充满激情、勇于担当的职业教育的师资队伍。

四、充满激情、勇于担当、以促进每一个学生发展为己任的教师队伍

在西门子电子信息和媒体技术职业学校，我们遇到了一位教师，他管理着学校十多间实训室，我们问他如何计算工作量时，他说没有啊，这是自愿的，我喜欢啊，不需要报酬的。他认为因为喜欢，所以去做，而且教师管理实训室是天经地义的，不需要额外计算工作量。而在特尔托高级职业技术培训中心与那里的教师们沟通学习领域课程建设问题时，双方争论异常激烈，有一位教师激动地站起来说道："教师的根本职责是向学生传递知识、技能、做人，要关注到每一位学生个体的发展。课程建设更应该注重课堂的有效性，而不是满堂灌，因为这样学生什么也得不到！"他还特别强调："最重要的是学生记住了什么，而不是学了什么！"

在整个培训过程中，与德国的教师沟通交流，我能够深深地感受到他们对自己工作的热爱、激情和担当。

五、严格的教学质量评估，政府对学校松散的管理

德国强调教学质量，主要体现在周密的教学（培训）计划和教学大纲；强调学用结合，注重动手能力和实际操作技能；重视师资队伍建设，鼓励企业充分参与。而我认为，对于教学质量最重要的是教考分离，全国按照统一标准考试，通不过则需要重新学习。而政府对学校的管理比较松散，给予学校充分的自由，但是却要通过每 5 年 1 次实施第三方严格的教学质量评估。

六、德国的精细和严谨

刚到德国，一进入酒店房间，就被其每个拐角都有木片包裹所吸引。而后来进入学校，发现他们虽然设备陈旧，却是一尘不染，很旧的机床被保养得闪闪发亮。在用餐时，各种各样的说不出名称和作用

的餐具也着实让人慨叹，感到他们太精细了。而在和德国人的交流中，也感受到了他们的严谨和责任心。

七、几点建议

（1）打破教育和人社系统的壁垒，统一由人社部门统领职业教育，或成立专门的职业教育管理部门，避免内耗。

（2）细化职业教育法，统一标准，将职业教育的方方面面用法律固化。

（3）完善教育体系，形成知识体系的“立交桥”，而不仅仅是学历的贯通。

（4）全面实施完全学分制，学校间课程互认。

（5）尊重学生差异性发展，让不同类别的学生都能有发展的空间和渠道。

（6）国家组织重要专业人才培养方案与课程标准的研究与发布，而不要让各个学校自由发挥，以免造成浪费，且质量难以保证。

（7）提高职业教育师资基本要求，提高教师待遇，以吸引优质的师资。

（8）加强对教师的考评和培训，培育教师的职业荣誉感。

（9）努力培养学生精益求精、严谨、认真、负责的态度和精神。

（10）减少对学校的各种评估、评审，减少技能竞赛的种类、数量，学校需要静心办教育。

（11）加强对学校办学质量的第三方评估。

（12）加强学校的精细化管理。

德国“双元制”职业教育对技工教育的启示

蔡昶文

“双元制”是德国技能人才培养的主要模式，为德国的经济腾飞做出了不可磨灭的贡献，对保证德国劳动者的高素质、产品的高质量，以及德国国民经济在国际上的持久竞争力发挥了非常重要的作用。

技工教育借鉴德国“双元制”职业教育，目的在于借鉴其有益经验、吸收其合理的思想，以改革技工教育中的不合理部分以及阻碍技工教育发展的主客观因素。通过改革，培养一批具有较强竞争力的高素质技能型人才，进一步促进建立现代职业教育体系。

一、德国“双元制”职业教育模式

德国拥有 8 100 万人口，在每年接受职业教育的 100 余万人中，约有 50% 的人选择“双元制”职业教育。目前，德国约有 150 万在校生接受“双元制”职业教育。

按照德国职业教育法规定，德国职业教育包括职业准备教育、职业中级教育、职业继续教育和职业转行教育。“双元制”职业教育属于职业中级教育范畴，是旨在帮助年轻人获得国家认可的职业资格的职业教育形式。

“双元制”的德文为“Dual System”，是德国职业教育系统重要组成部分，它指的是学生既在企业通过实践接受职业技能训练以及相关专业知识培训，又在职业学校接受专业理论和普通文化知识教育，是一种将企业与学校、理论知识与实践技能紧密结合，以培养高素质的技能人才为目标的职业教育制度。

“双元制”职业教育中的“双元”是指企业和学校，其学制一般为两年至三年。学制期间 70% 的时间在企业，30% 的时间在学校。职业学校与培训企业的紧密合作，是保证“双元制”职业教育质量的基础。

二、“双元制”职业教育对技工教育的启示

1. 技工教育需要定位明确的法律保障

德国联邦政府为了保证职业教育顺利发展，专门对职业教育进行立法，明确了“双元制”职业教育是一种国家立法的校企合作、企业为主的办学制度，校企双方必须依法遵循和履行各自的权利和义务，从而保障了“双元制”职业教育的顺利实施。接受“双元制”职业教育的学生必须与企业签订学徒合同，并受到法律保障，各行业协会对合同的履行进行监督管理，保障了学生的合法权益。除此之外，学生在企业接受的培训也是遵循相应职业培训法条进行的，也受到法律约束，而在学校接受的教学执行由州政府颁布的教学计划，同样具有约束效力。而这一切，都使“双元制”职业教育在法律保障下有条不紊地进行。

对于技工教育来说，在我国的职业教育法中未能明确提及，缺乏国家层面的法律保护，定位至今未能清晰。而作为技工教育引以为豪的工学结合、校企合作，也由于缺乏相应立法，难以确定企业必须承担职业教育的义务和权利，未能明确企业与学校应依据什么法律来开展相应的技能人才培养制度，导致学校在校企合作中仍处于唱主角、起主导作用，而企业仍然处于被动状态。

技工教育可借鉴德国职业教育的做法，积极主动争取在国家层面立法中确立地位，通过立法来确定职业教育的类型，明确技工教育的定位，并将技工教育定位为从事技能职业准入的职业教育，进行职业技能提升的继续教育，并形成从中级—高级—技师的完善体系，可以开展全日制职业教育和“双元制”职业教育。可将技工教育学生的顶岗实习明确为“双元制”职业教育的一部分，通过立法明晰企业与学校的义务和权利，通过职业培训、失业保险、劳动保障、就业促进等

经费补贴政策推动企业主导校企合作，从而完善技工教育的顶层设计。

2. 技工教育需要多方参与的体制保障

技工教育起源于企业，如今我们更不能与企业脱节，应动员全社会的力量参与其中，特别是作为市场经济主体的企业要主动介入。只有这样，才能使技工教育从体制上真正转变到为生产一线培养优秀的技能实用型人才的目标上来。

我们应坚持政府办学、企业办学、社会办学多种形式并举，鼓励各办学主体采取多种形式的集团化、股份制、混合制等办学改革，大力支持社会力量以资本、知识、技术、管理等要素参与技工教育，形成多方参与的技工教育体制保障。

政府应采取购买服务或委托的方式让行业协会在技工教育人才培养中起咨询、调解、监督、执法、考核的主要作用。通过行业协会牵头，使企业把培训和参与技工教育看成是与自身发展相关的大事，同时建立行业协会监管机制，对企业参与技工教育的行为进行管理和规范。鼓励与区域经济重点产业发展相关的行业协会牵头与职业院校、龙头企业组建职业教育团队，鼓励成立跨职业院校的培训中心，并通过合作、兼并、代管、设立分校等形式带动力量薄弱的学校发展，从而为区域产业转型升级和经济发展提供技能型人才保障。

3. 技工教育需要理念更新的人才培养保障

技工教育应树立以职业能力为本位的培养目标，全面更新课程建设、教学过程、考核方式的理念，培养学生综合职业能力、创新创业能力，以真实的职业活动和工作任务为行动导向，让学生在学习过程中掌握知识和技能，从而使培养出来的学生满足社会和企业的需求。

（1）课程建设。在课程建设上应以职业分析为导向，以实现职业能力为本位的培养目标，充分体现以职业活动为核心的设计思想。从提高学生职业知识、劳动技能和综合能力为出发点，结合对应的职业标准和岗位特点，将真实的工作任务和工作过程融入课程建设中，使教学计划和课程设置具有更强的针对性和实用性。深化工学结合、校企合作，设计课程与生产实际、社会需求密切相连，强调企业实践，保证实训场地充足，完善课程考评体系。

（2）教学实施。充分体现以学生为中心，以职业活动和工作过程为导向，体现工作过程系统化，充分应用理论基础与职业相结合的教学方式，避免理论基础知识的过度灌输，采用行动导向教学方法。我们甚至可以设置一些跨专业的真实工作项目，让学生在完成一个项目的学习后掌握相关课程的知识。合理利用现有的实训设备，有选择地、有效地将传统理论课堂和实训课堂变成一体化课堂，让学生边学边做，提高学生所学知识的内化程度。教师在指导学生进行项目实施时，应努力从过去只注重工作过程与结果，改为更多关注项目任务剖析及项目实施过程体验，培养学生独立发现、分析和解决问题的能力。

我们在进行教学的过程中，应充分考虑由浅入深，注重学生基本技能的培养。应将教学与生产实际相结合，引入企业的实际工作流程，在实际工作项目中设置多个思考点、故障点，注意引导学生通过小组讨论自行思考，且发现故障时积极分析原因，用自己的认识来解决故障并进行总结，培养学生的专业方法能力、团队合作和问题处理能力、组织能力等职业能力，并具备一定的创新创业能力。

（3）考核方式。技工教育目前实行“双证书”的考核制度，即职业技能等级证书和学校毕业证书。由于职业技能等级证书由政府部门进行考核，出现了与社会、企业脱节，导致出现了一些技能等级证书得不到社会认可的问题，从而影响到技工教育人才培养的质量。我们需要改变职业技能等级证书在学校进行考核的模式，由相关行业协会按职业工种标准要求在学生企业实践时期组织相关考试，合格的才准予毕业，这样定会大大提高技工教育的办学水平，提高企业参与学生培养的积极性。

作为学校的毕业证书，我们要改变当前教学实施过程中实施课程考核的单一方式，开展项目考核、课程设计考核、学分制考核等方式，充分发挥学生的兴趣特长、培养学生的综合能力、建立健全学校的综合考评体系和价值取向标准。

三、结语

在德国“双元制”职业教育模式中，国家与企业之间始终存在着一种张力，企业的自治与国家的干预这对矛盾从未消融也不会消融。“双元制”职业教育有效进行的前提条件，一是企业提供的学徒工培训岗位与其申请者之间达到供求平衡；二是企业与职业学校之间教学能实现相互配合。一旦学徒工培训岗位与其申请者之间的供求平衡被打破，或企业与职业学校之间出现矛盾，国家的影响力就需要得到加强。

目前，上述这两种矛盾还显著存在于我国的技工教育中，这就需要国家相关政策和法律法规的进一步出台和加强。而目前的技工教育虽然处于一个高速发展时期，但由于上位法的缺失和顶层设计的不明确，以及学校仍然作为校企合作的主体等现状，导致我们不能很好地借鉴德国的“双元制”职业教育的模式。因此，需要科学地总结并借鉴德国“双元制”职业教育模式实施过程中的经验教训，推动其本土化。这对指导技工教育健康发展，培养更多的适应经济建设和社会发展需要的高素质技能人才，推进我国现代化建设进程，具有十分重要的现实意义和深远的历史意义。

借鉴德国“双元制”夯实我国职业教育建设之路

李珠斌

他山之石，可以攻玉。借鉴德国现代学徒制、“双元制”等职业教育模式，对于我国职业教育的发展之路具有一定的作用。

一、我国与德国的现实国情不同

1. 人口（劳动力）数量的差距

2018 年德国总人口约为 8 315 万人，德国联邦统计局统计数据表明，德国 2003—2011 年人口均为负增长，2012—2018 年以 0.06% 的速度增长。2018 年德国人口数量世界排名第 16 位，主要得益于以“德国实施蓝卡计划”引进外籍人口与接受难民策略有关，得以充实了德国人口总量。否则，专家预测德国人口将于 20 年后跌回 6 000 多万。德国生育率低、老龄化程度高，劳动力匮乏，有必要把职业技能人才按精英来培养。

2018 年我国人口数量为 13.9008 亿，2012—2018 年以 0.52% 的速度增长，2018 年我国人口数量世界排名第 1 位，我国人口相当于 18.67% 的世界总人口。我国人口众多，劳动力“过剩”，还未能把职业教育办成精英教育。

2. 国力与经济实力的差距

2018年中德两国GDP总量和排名

GDP总量世界排名	国家名称	GDP总量／亿美元	GDP总量／亿人民币元
排名第2	中国	131 186.9	854 026.719
排名第4	德国	39 348.1	256 156.131

2018年中德两国人均GDP总量和排名

人均GDP世界排名	国家名称	人均GDP／美元	人均GDP／人民币元
排名第18	德国	47 535.42	3 094 555.842
排名第72	中国	9 376.97	610 440.747

德国经济发达、属于发达国家，政府和企业能够承受庞大的职业教育经费支出；我国仍属于发展中国家，职业教育经费有限。

3. 企业政策与经济技术水平的差距

德国制造业的现代化、自动化程度很高，对技工和技师的素质要求也很高，要不断满足经济技术发展的需要，就必须发展高质量的“双元制”职业教育。而我国虽然也是制造业大国，但技术水平较低，大量的劳动密集型企业对技工的要求并不高，某些企业和工种甚至根本不需要“专业对口”。

4. 人力资源政策不同

德国的教育体系十分完备，结构呈现多样性。整个教育体系大概可以分为学前教育、初等教育、中等教育、高等教育和继续教育等几个层次，在教育功能上又可以分为普通教育和职业教育。德国实行 12 年制的义务教育，公立学校学费全免，教科书等学习用品部分减免。德国公民年满 6 ~ 18 岁必须接受义务教育，其中必须完成 9 年（有些州为 10 年）全日制教育，如果不能继续完成全日制普通学校或者全日制职业学校的学业，其余 3 年必须上非全日制职业学校。小学学生进入中学无须进行统一考试，依据小学成绩、教师鉴定、家长意见以及学生的志趣等进行分流，分别进入主体中学（5 ~ 9 年级，学生毕业后大部分接受“双元制”职业教育）、实科中学（5 ~ 10 年级，学生毕业后可在企业或机关任中级职员）、文理中学（5 ~ 12 年级或 13 年级，学生毕业后可直接上大学）。德国培养人才主要通过两条途径：一是“小学—文理中学—大学”，这是一条直接升学的道路，它培养的是从事科学研究和基础理论研究的人员；二是“小学—主体中学或实科中学—职业学校”，这是一条直接就业的道路。

我国目前首先要解决的是民生问题和教育公平的问题，特别是要解决弱势群体的教育问题。因此，职业教育是面向人人的教育，而不是精英教育。对职业教育人才培养，我国推行“分级管理、地方为主、政府统筹、社会参与”的管理体制。但职业教育的人才培养管理过程中仍存在权、责、利定位不清晰的状况。实际上，我国职业教育人才培养质量还不够稳定，固然有管理体制在实际工作中贯彻不力的原因，本质上在于职业教育人才培养多元的利益相关者利益诉求不一致，没有形成利益共同体。具体而言，我国职业教育人才培养主要涉及政府、企业（用人单位）、职业学校、受教育者及其家庭等利益相关者。政府的利益诉求是社会效益，企业的利益诉求是经济利益，而职业学校的利益诉求则是学校长期稳定地发展，受教育者的利益诉求是良好的就业和发展前景。由于利益出发点各异，职业教育人才培养的多元利益共生格局尚未形成。在多元利益格局中，各类群体的利益缺乏保障机制，致使低效或内耗，从而影响职业教育人才培养体系整体运行的有序性。

二、客观地认识德国“双元制”培养模式

1. 德国现代学徒制是百余年的历史演变

制度变迁理论告诉我们，制度的创新与产生不是与历史完全割裂的，而是会延续制度体系中的核心元素。在制度形成过程中，百余年的时间和次序具有决定性的作用。要了解德国现代学徒制的形成，必须首先从其历史演变的角度去探究。德国现代学徒制是在传统学徒制基础上演变形成的，经历了以下几个阶段。

第一阶段是手工业学徒制阶段。在德国学徒制演变过程中，起关键作用的是一个独立手工业部门的存续，它被正式且合法地赋予了学

徒工技能培训及技能资格认证的权利。从 19 世纪 80 年代开始，德国政府不断通过立法手段赋予手工业部门在学徒培训领域的权利。

第二阶段是工业化学徒制阶段。19 世纪末 20 世纪初，随着工业革命的推进，工业对技术工人的需求得到前所未有的增长，手工业部门培训的学徒工无论是从数量上还是从质量上都满足不了工业发展日新月异的技术需求。为了应对手工业学徒技能培训带来的不足，一些大型机械制造业和金属加工企业开始制定企业内部技能培训战略，不同于传统的师傅带徒弟技能培训模式，这些企业建立了培训车间，大规模地对学徒进行培训。但由于没有与手工业协会类似的权威组织或机构为人员培训提供技能资格认证，这些机械制造和金属加工企业的学徒制发展受到很大的制约。为此，由这些工业企业组成的机械设备制造业联合会（VDMA）开始了与手工业协会关于技能资格认证权的争夺，并不断完善学徒工培训的模式。为了加强工业技能培训，1908 年德国成立了技术学校委员会（DATSCH）。在 VDMA 的领导下，DATSCH 对工业学徒制培训进行了标准化改革。20 世纪 20 年代，DATSCH 制定了标准化工业学徒合同，出台了行业技术标准目录，编制了标准化的培训材料。培训材料中详细列示了多种工业行业的培训课程设置，极大地推进了学徒培训的技能标准化和系统化。在工业部门带动下，手工业部门学徒制培训也开始向标准化、系统化转变。在纳粹时期，德国工业部门和行业协会得到了负责管理和认证学徒培训技能的权力，在学徒培训中建立了一个标准体系。

第三阶段是现代学徒制阶段。德国学徒制现代化的模式起源于 20 世纪 30 年代，在 20 世纪 60 年代通过职业教育法实现了制度化和法制化。现代学徒制相比传统学徒制，除了前面工业化阶段提到的标准化外，典型的特征有两个方面：一是实现了与现代教育的结合。德国产业部门在扩大企业自身学徒培训的同时，认为年轻学徒的培训也属于社会公共产品，因此社会应该承担其成本，并试图说服国家增加投入以分担培训成本，将培训部分内容放在职业学校进行。随后开始了由企业独立提供学徒培训逐步向企业与学校共同负责的学徒培训模式转化，形成了“双元育人”职业教育人才培养体系。二是管理的制度化和法制化。随着学徒制涉及的范围和层次越来越广，德国逐渐开始从国家层面对学徒制进行管理。1969 年颁布了职业教育法，从法律最高层面为职业教育提供制度保障。1981 年颁布了职业教育促进法，进一步完善了职业教育相关制度。为了应对 20 世纪 90 年代以来经济结构性变革引发的职业教育世界性变革趋势，德国制定了新的职业教育法，新职业教育法的颁布使德国现代学徒制的制度化和法制化更加完善。

2. 多方参与协同治理制度

德国现代学徒制管理是多方参与的过程，不仅涉及教育部门，而且也涉及经济部门。多方参与管理结构可以归纳为“三层双元”的特点，如下面“德国现代学徒制多元管理结构图”所示：

第一层次是联邦政府层面，涉及的部门主要包括联邦职业教育和研究部（BMBF）、联邦经济和技术部（BMWI）以及联邦劳动和社会部（BMAS）。其中联邦职业教育与研究部是最高的主管部门，负责职业教育总协调和法案政策的规划。其下设联邦职业教育研究所，具体负责职业教育研究、政策制定和执行。2006 年组建了由商贸工会、雇主代表、研究人员代表及联邦代表等多方利益代表组成的职业教育改革委员会，负责研究职业教育发展并提出建议。联邦经济和技术部、联邦劳动和社会部分别负责企业职业教育目录的制定和职业指导。

第二层次是地方和行业层面。各个地方（州）文化部负责学校教育，制定学校使用的职业教育框架及教学计划，负责对学校教学的监督；行业协会主要为参加学徒培训的企业提供指导并监督企业培训计划的执行、登记学徒合同、组织安排最终的职业资格考试，具有准公共权力。

第三层次是企业和学校。企业和学校分别为具体实施现代学徒制的两个主体，其中企业担负主要培训责任，按照全国统一的职业教育条例中的企业职业教育框架教学计划实施实践教学；学校根据学校职业教育框架及教学计划实施理论教学。

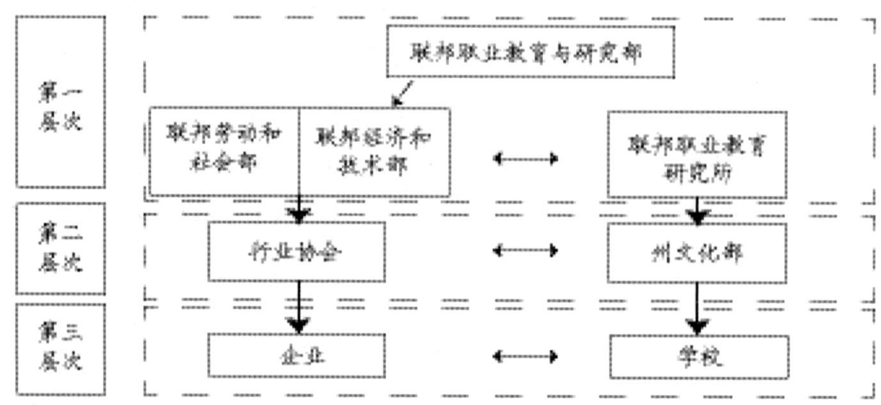

德国现代学徒制多元管理结构图

在德国现代学徒制中，政府、企业和社会组织等多方行为主体参与程度比较高，各行为主体的职责在职业教育法中有明确的分工，各利益主体沟通协调制约机制比较健全，既能确保企业的短期需求得到实现，同时也能确保现代学徒制的教育目标和经济目标的实现，使私人部门与公共部门之间的利益达到均衡。

3．德国现代学徒制“双元制”培养模式的成就

21世纪以来，为适应经济全球化和职业教育国际化的挑战与机遇，在兼顾企业和学校协调性原则的基础上，德国对其现代学徒制“双元制”培养模式进行修订、完善，并相应出台了适应职业领域里不同层次能力需求的高素质技能人才培养等配套激励措施，如职业英才计划、优秀毕业生嘉奖等项目，旨在培养具有国际竞争优势的高质量职业技能型人才。

（1）企业主动并规范地参与培训，培训质量较高，以与时俱进的国家职业资格为导向，保障了高质量“德国制造”具有先进的人力资源标准。基于企业“合作过程学习”导向的德国现代学徒制“双元制”

培养模式，极为注重职业资格与世界技术发展的紧密结合，高度关注欧洲乃至国际职业教育发展动态，依据经济社会发展需求调整职业培训目标和内容，保持现代学徒制“双元制”培养模式可持续发展的活力。2012 年，在《欧洲资格框架》基础上，参照欧盟职业资格认证标准，德国重新颁布了《德国国家资格框架》。各行各业严格执行资格标准是德国普遍的职业道德准则，也是德国现代学徒制“双元制”培养模式成功的关键所在。

（2）企业与学校合作优势互补，提高了学徒就业能力。德国“双元制”职业教育模式最大的优势是把企业和学校的优势有机结合起来，形成顺畅的互补机制，并在促进就业方面取得了显著效果。据不完全统计，德国现代学徒制“双元制”职业教育模式的有效开展，使得青年人失业率呈现下降趋势，从 2009 年的 11.2% 下降到 2018 年的 5%，成为欧洲各国青年人失业率最低的国家。

4. 德国现代学徒制“双元制”职业教育模式面临的难题

进入 21 世纪后，面对日益激烈的国际竞争和长期的经济衰退，德国经济社会发展形势的转变对于现代学徒制“双元制”职业教育模式提出了新的挑战。德国现代学徒制“双元制”职业教育模式并非完美无缺，加之新的时代困扰，使得其问题更加凸显，德国职业培训能力整体下滑的现象也使之雪上加霜。

（1）职业培训需求低迷，申请学徒工岗位培训的人数下滑。目前，多样化的技能学习途径和更广泛的职业能力提升路径，使青年人放弃传统的学徒制培训，选择技术学院等其他途径，继而获得更高层次的工作和更好的晋升机会，致使长期以来学徒制培训的良性循环面临中断，青年人申请参加学徒工岗位培训的人数整体下降。如 2011 年，仅有 7.7 万名青年人申请参加学徒工岗位培训，造成企业提供的学徒工培训岗位空缺率高达 35%。

（2）企业提供学徒工培训岗位数严重下滑。面对科技发展更新速度的不断加快，岗位能力需求呈现出智能化、复杂化、综合化的特征，使得企业在学徒制培训中的培训技术要求提升、难度加大，直接导致企业学徒制培训成本上升，企业的积极性受到一定影响，这也成为德国企业提供的学徒工培训岗位数大幅削减的重要原因。据有关统计数据表明，2000—2003 年，提供学徒工培训岗位的企业数量一直呈下滑态势，到 2004 年略有恢复。2004—2008 年，学徒工岗位数总体保持小幅平稳增长趋势。但自 2008 年以来，学徒工岗位数总体呈直线下降趋势。

（3）中小型培训企业的职业培训质量不高。面对经济衰退和培训成本增加等挑战，大型企业因其雇用培训学徒工的需求，更可能保持其培训投入，从而实现职业教育人才培训目标。而中小型企业，尤其是手工业企业，有时并不能提供符合职业培训标准的规范性培训，导致培训不规范的主要因素有：培训师资不足；培训设备匮乏；因培训方式不断升级和范围不断拓展的要求，培训成本过高、培训经费短缺等。

三、正视我国职业教育发展历史，着力当下职业教育之所及

当前，我国职业教育人才培养模式仍处于准制度化、规范化阶段，职业教育为社会提供的人才存在着质量参差不齐、结构不够合理等深层次问题。

1. 职业教育人才培养模式仍处于探索阶段，完善、规范化的人才培养模式仍未形成

2014 年 6 月 23—24 日，国务院主持召开全国职业教育工作会议，把校企合作确立为职业教育的基本办学制度。尽管如此，我国职业教育人才培养模式却并未形成统一共识，还停留在政策要求和理念层面。

如《教育部关于职业院校试行工学结合半工半读的意见》明确提出："深化职业教育改革，大力推行工学结合、校企合作培养模式，逐步建立和完善半工半读制度。"严格地讲，对"校企合作、工学结合、顶岗实习"人才培养模式的具体形式的适应范围和标准等问题，该规定并没有给出深入的政策解释和内涵界定。这为解决我国职业教育人才培养模式内在的一些问题留有因地制宜的空间，但也使得政策落实不力、政府监管缺位、校企合作长效机制不稳定、企业支持和配合行为不主动、职业学校"顶岗实习"管理混乱等问题依旧明显存在，影响了职业教育实现其完成培养高素质劳动者和技能型人才的目标。

2．在产业转型背景下，人才需求结构与职业教育人才供给结构失衡问题突出

我国现阶段经济发展方式正经历产业结构调整、转型升级的阵痛，社会对职业教育人才的要求也在发生重大转变，即由注重"专才"向注重"专才""通才""复合型人才"和"交叉型人才"并举转变。而事实是，现有模式培养的职业教育人才，存在职业道德不强、实践能力不强、综合能力和职业素质不高、持续发展后劲不足等问题，难以满足经济社会发展的实际需要。

3．科学、有效的人才培养模式缺乏，导致职业教育高就业率下的低就业质量问题明显

相关数据表明，近年来，我国职业教育毕业生就业率已显著提高。其中，中职毕业生就业率最高，达到95%以上。尽管职业教育毕业生就业率较高，但其就业质量却令人担忧。当前，大部分职业教育毕业生主要从事生产车间内流水线操作等初级工作。依据二元劳动力市场理论，该初级工作存在工资偏低、工作条件较差、就业不稳定、要求严格、晋升机会少等问题。

4．职业教育人才培养监管薄弱、运行机制不协调

对职业教育人才培养，我国推行“分级管理、地方为主、政府统筹、社会参与”的管理体制。但职业教育的人才培养管理过程中仍存在权、责、利定位不清晰的状况，既定的管理体制难以提高我国职业教育人才培养质量的制度力量。

2014年，国务院印发了《关于加快发展现代职业教育的决定》（以下简称《决定》），全面部署加快发展现代职业教育。《决定》明确了今后一个时期加快发展现代职业教育的指导思想、基本原则、目标任务和政策措施，提出“到2020年，形成适应发展需求、产教深度融合、中职高职衔接、职业教育与普通教育相互沟通，体现终身教育理念，具有中国特色、世界水平的现代职业教育体系”。

2014年6月23日，国务院召开全国职业教育工作会议，习近平总书记专门就职业教育工作作出重要指示，系统回答了职业教育“怎么看”和“怎么办”两大根本问题，明确了发展职业教育的重大意义、工作方针、根本任务、办学方向、支持重点、党政职责等重大问题。习近平总书记关于职业教育的重要论述，为新时代加快发展现代职业教育指明了总方向、提出了新要求。

四、他山之石，可以攻玉

作为制造业强国的德国，其现代学徒制“双元制”人才培养模式作为国际上重视和发展职业教育的突出代表，不仅对本国职业教育发展做出了巨大贡献，而且对世界职业教育发展产生了极大影响。改革开放以来，我国致力于大力发展并不断改革职业教育人才培养模式，对德国“双元制”模式从广泛深入地研究到引进实践都得到前所未有的重视。德国“双元制”培养模式，在推动我国职业教育人才培养模式的改革和发展过程中，不论在理论建设还是实践创新方面都发挥了巨大的示范作用。

德国现代学徒制“双元制”培养模式作为世界上职业教育改革发展的样板，一方面是其模式本身特色鲜明；另一方面关键在于“德国制造”的世界声誉。德国现代学徒制“双元制”培养模式形成于特定的生态环境，德国具有不同于其他国家和民族的差异性和特殊性，所以，借鉴德国现代学徒制“双元制”培养模式，应从可学习吸收的同质要素入手。

1. 尊重个体差异性

以职业为载体培养个体潜在的“职业能力”是职业教育的核心目标。德国现代学徒制“双元制”培养模式坚持“差异性”原则，依据青年人的个性心理差异和职业倾向，为受教育者提供适合其自身发展的多样化职业教育机会。德国现代学徒制“双元制”培养模式，一方面为不擅长理论学习的学生提供教育发展的机会，培养其成人成才；另一方面对偏好应用型的学生提供职业英才发展路径，培养其成为高素质的技能人才。

2. 根据劳动市场和经济发展需要，实施“工作过程”导向的专业课程

德国按照职业教育法和职业教育条例等规定，开发和设置适应经济发展和劳动就业需要的“工作过程”导向专业课程，其涵盖企业课程和学校课程两大类，并实现两者的衔接互通。通过“工作过程”导向的专业课程，可以把各类专业知识技能与文化基础知识较好地沟通起来，提高教育教学的整体效果。

3. 积极构建“双师型”职业教育师资队伍，确保职业教育师资的优良

不论是何种形式的教学，师资既是基础也是关键。德国现代学徒制“双元制”培养模式的特点是：企业教师接受过系统的职业教育与培训训练，职业学校教师又具有丰富的企业实践经验，两类教师素质契合度非常高。无论理论教学还是实践教学，德国现代学徒制“双元制”培养模式都坚持为应用而学。

4．大力开展校企合作，提升职业教育人才培育的有效性

通常接受职业教育和培训的德国学生，每3～4天在企业学习，1～2天在职业学校学习。德国的职业教育法和职业教育条例皆规定：实施现代学徒制“双元制”培养模式，企业是主要的学习场所，职业学校则是企业学习的必要调节。尽管如此，作为教育机构（具有从事现代学徒制“双元制”培养模式资格的企业也是正式的教育机构），企业和职业学校的教育目标基本一致，即“培养符合德国经济发展和劳动力市场需求的大批高素质技能型人才”。此外，德国现代学徒制“双元制”培养模式也具有满足企业和职业学校等相关利益群体的合理利益诉求的机制，如联邦和各州政府为从事职业教育和培训的企业和职业学校提供政策保障和财政支持。

5．在协调合作基础上，管理体制权责清晰、分工明确

德国在职业教育改革发展的基本问题上，充分尊重企业、职业学校、工人、州政府与联邦政府的意见，积极协调各利益相关群体的观点，并建立科学合理的人才培养模式管理体制，总体呈现联邦政府调控、州政府协调、行业协会实施、科研机构参与的管理体系。具体来说，在联邦政府层面，职能机构分为行政主管部门和决策部门、政策执行机构等；在州政府层面，设立各州文化部和州职业教育委员会，承担主管职业学校、为州政府提供职业教育咨询等职能；在行业协会层面，扩大行业协会自治权，实施行业协会的自我管理，行使监督企业职业教育运行等职能；在研究机构层面，设立大量的科学研究机构，保障现代学徒制“双元制”培养模式的可持续和创新发展，如德国劳动市场和职业研究所、德国联邦职业教育研究所等。

6. 完善的职业教育政策法规是促进德国现代学徒制“双元制”培养模式持续发展、不断完善的重要保障

1969 年 8 月 14 日颁布的职业教育法，标志着德国现代学徒制“双元制”培养模式的正式确立。此后，德国陆续颁布了许多与职业教育培训相配套的政策法规，如职业教育促进法和职业教育条例等，使法制保障更加完备。这不仅成为德国职业教育发展的必要条件，而且各有关部门的职责等都纳入法制化的轨道，具有很强的权威性和约束力，保证了职业教育向国民经济各部门输送的熟练工人的质量。

五、借鉴德国“双元制”之石，夯实我国职业教育之路

德国现代学徒制“双元制”培养模式的引入路径具体包括 4 个类型，即部分引入、试点引入、“定制化服务”引入和理念引入。

1. 部分引入

依据职业教育人才培养实际、广州市企业发展需求和保障机制配套建设等空白点或增长点，适度移植该模式的培训项目，并将其用于本土实践。部分引入在我国学习借鉴国外职业教育模式中大量存在，如模块教学、职业资格标准、工作过程导向课程开发等。

2. 试点引入

选取适当的企业作为试点单位，部分推行德国现代学徒制“双元制”培养模式合作项目。通过试点引入，既可强化模式引进风险评估预警机制，又能使预期引入风险最小化。广州市交通技师学院是试点引入德国现代学徒制“双元制”培养模式的宝马 BESRT 班样本。2012 年，为培养高技能专业人才，广州市交通技师学院和德国宝马合作建立了广州市交通技师学院职业技术培训中心，比较原汁原味地引入德国现代学徒制“双元制”培养模式，截至本稿写作时间已培养了 5 届毕业生，德国现代学徒制“双元制”培养模式特别是企校合作办学理

念和参照德国行业标准的资格认证等经验积淀，成为该试点班的鲜明特色。

3.“定制化服务”引入

依托德国现代学徒制“双元制”培养模式，广州市交通技师学院结合企业发展需求，合理调整其人才培养方式，建立以提升就业能力为导向的专业技能人才培养模式，积极推动校企合作，搭建技能人才培养平台。学校作为“定制化服务”引入的典型案例，多年来持续引进德国现代学徒制“双元制”职业教育理念，在探索“定制化服务”培养模式、培养高素质技能型人才方面有着自己独特的创新之处。依托德国现代学徒制“双元制”培养模式，我校与广数、格力、美的等集团签订联合培养协议，严格按照职业岗位需求定向为企业培养工业电子、工业机械、售后服务等方面的专业人才，深受企业欢迎。

4. 理念引入

引入德国现代学徒制“双元制”职业教育理念，赋予其广州特色，实现模式移植与广州市“智能制造”实践的协调发展。引进德国现代学徒制“双元制”职业教育理念，对培育和践行广州特色的“双元制”职业教育理念、推进校企深度合作、完善职业技能人才培训体系，实现“打造国际化专业应用人才”培养目标，建设现代职业教育体系，推动中国职业教育坚实而有序地发展都具有重要意义。

德国职业院校的产学结合机制的启示

余志峰

德国的职业教育模式已经领跑欧洲，甚至作为一种文化出口到全世界。因公派赴德国参加专题研修培训，我得以亲身深入了解，并反思我国现行职业教育的不足之处，尤其是多年以来我们学校一直在引入德国“双元制”的培养模式，但始终没有达到预期效果，也没有形成系统化的职业教育模式这一现实情况，通过调研学习过程中的所见所闻，希望能探索其原因和解决的办法。

一、德国职业教育，在坚持与竞争中的改变

德国人在描述自己国家职业教育模式时，都认为发展至今并不是一帆风顺的，开始时也有不少的人在抵触，但他们坚持了下来，不断地进行改进与完善。经历过战后重建、两德统一、欧盟经济共同体，他们用时间证明了“双元制”教育模式在德国是可靠的、可行的，并值得他们自豪。

1. 在稳定的法治领域中持续发展

德国的职业教育以职业教育法为基础，由教育部与工商业联合会分别对学校及企业的职业教育质量进行监管。在德国，现有的347个职业都有法律文件，严格按规定的教学考核大纲与课时要求全国遵照执行，并由各州按其实际情况实施；而工商业联合会则是依照法律，协调下属各个行业协会，为学生在企业实践提供监督与保障。当然作为劳动力最终的使用者，工商业联合会要按规定向政府提交来年企业的用工需求。

在整个职业教育管理中，政府通过法律手段明确与规范了每个从业者在加入职业前，必须培训的项目与课时。按3 ∶ 7的比例，由学校、企业分别承担学生的培训课程。特别值得关注的是，入学的学生

与企业已经形成雇佣的关系，州政府与企业共同承担该学生的全部培训费用，学生是带着任务选择进入学校或培训机构的。由于职能的清晰划分，学校与其教师可以全心全意去做以下的工作：

（1）学校与培训机构精心选择教师，发动每一位教师创新教学方法与演绎教学内容，让学生感到生动有趣，从而选择入学。

（2）学校校长成为职业培训工作的“总导演”，整个培训学校的发展与生存都建立在学校的特色办学理念与师资队伍的创新之上。

（3）工商业联合会不干预学校的管理工作，仅代表企业的利益与需求，专心挑选每个职业人，只要你符合要求就发给职业资格，严格而独立地做好第三方考核角色。

2. 师资是职业教育的重中之重

在本次培训的行程中，德国方面着重向我们介绍了他们国家的职业教育师资队伍建设，因为他们认为师资是开展职业教育的关键推手，所以他们给予教师的社会地位很高，甚至可以成为国家公务员。

（1）严格的遴选机制，打造一流师资队伍。在德国，教师培养需要历时 7 年，淘汰率非常高（平均达到 75%）。遴选机制要求，教师必须参与到“双元制”培训模式中，每位教师必须能够承担两门以上的教学课程；所有教师必须经过长期的培训，通过国家的统一考试，通过一级考试才可以在相应的层次教学，如果不甘于收入及层次就要继续努力通过更高一级的国家考试。

（2）教师也存在着市场竞争。教师可以选择自由就业或是公务员的不同职业发展道路，有权利选择培训学校或机构就业，政府将会给予该教师应有的待遇。但自由的条件就是：教师要为自己的生源而去联系企业、不断更新教学方法，否则就没有学生报读，他本人也就只能寻找新的工作岗位，而且不在培训机构任职期间，是不享受教师待遇的。当然，为了稳定的生活来源，教师也可以选择加入公务员队伍而成为政府官员，但享受这种待遇的前提是：政府会安排教师到德国任何一个地方进行任教，教师必须服从。

总的来讲，重视教育、尊重教师在德国这样的发达国家体现得非常显著，从而吸引了更多的有志之士加入教师队伍，包括许多外国的顶级专家。

3. 德国职业教育中企业参与度极高

每年，德国工商业联合会都会召开会议，统筹收集每个州的企业协会的用工信息。作为与政府及企业间的协调角色，这直接会影响到德国政府在一年内的职业培训方向。所以，每个企业会在会议前，细心分析本企业的发展需求，将用工计划报给行业协会，再汇总到工商业联合会。企业为了获得最好的员工，他们会通过传媒宣传自我，也会主动到学校开展企业文化的宣传，且与培训机构、学校、技术应用大学等保持密切的联系，而确保用工需求的落实。

当然，由于企业在职业教育中的深度参与，在德国现行的职业培训体系中，企业通过“双元制”教育模式比较容易发现适合自己的人才。在培训机构的学员多数是与企业已经有用工协议或是已经选择从事某一行业的，但是学员可以自由选择自己的职业及职业生涯方向。

4. 德国职业教育还有另一重要的组成机构——跨行业培训中心

在德国，职业教育是多元的、互通的体系，总的目标就是整合社会上所有资源，为“双元制”学员、准备加入行业及在行业中的从业者，甚至是不善于学习和不自觉参加工作的人，提供足够的培训提升资源，一切为了他们能够通过劳动养活自己。

这里不得不提到一个横跨于多个企业，同时为学校和小型培训中心、中小型企业甚至是社会特别人士提供灵活多样化的职业教育服务机构。他们就是跨行业培训中心，是国家职业教育培训体系的重要组成部分，如德国教育及手工业基金会，已经成为德国第二大培训机构。他们有如下特点值得关注：

（1）私人投资的基金会组织脱胎于手工业协会，整合了德国众多中小型培训机构，使之更加适合手工业区域内的从业人员培训及晋升。

（2）成为“双元制”教育体系中学校、企业开展培训的补充部分，并灵活提供各类型的培训项目、实习场地，尤其是对 8 年级学生的职业导向课程，以确保学生在中学中段就基本确定了自己的职业意向。

（3）承担政府各类培训或政府不想承担甚至不开展的项目，为政府解决困难。当然也能够获得政府的资金支持。

（4）承担对社会上特殊人士的培训，并可以接受各类社会捐赠，这样就可以有资金做自己特色的培训项目。

（5）与欧盟各国进行职业教育交流、研讨，及时为本国职业教育发展收集最新的信息，并向政府提出改善建议。

不难看到，德国职业教育是全民办学，只要是有工作能力的人，政府都会通过各种方式让其自食其力、为社会服务。

二、德国职业教育给我的启示

本次德国职业教育培训学习期间正逢 2016 年的“欧洲杯”，让我们真正感受到德国人在热爱足球方面的激情。从另一个侧面，在职业教育中，政府、学校、协会及企业共同组成了他们的“足球队”，职业教育就是一场足球赛，政府是“队长”，学校、企业及工商业联合会等机构就是一个个“球员”，他们相互合作却又相对独立，在“队长”的统筹组织下，各负其责，一切为了学生、一切为了就业。以下是我所受到的启示：

1. 职业教育要从幼儿教育开始

德国的职业教育经验告诉我们：一个人从儿童到成年，每个阶段都会有相应的“产”与“学”，他们的孩子在幼儿园及小学阶段已经开始到企业感悟、学习父母，在其童年的记忆中留下职业的痕迹；到了中学阶段，学生可以根据自身兴趣及爱好，自主选择职业，产生自己今后职业生涯的定位，而且学校为每个学生八年级时就安排了为期两周的职业导向课程。

这种潜移默化的教育安排，极容易让学生产生稳定的职业倾向。反思我们的孩子，绝大部分都是毕业后才开始了解企业、接触职业。

2. 职业教育必须让企业、行业深入参与

没有企业参与的职业教育是不完整的。我们一直在致力解决的学校教育与企业生产脱节问题，归根结底原因在于我国的学校教育与企业一直是分离的。虽然已有不少的职业院校也通过校企合作的方式，将企业的文化引入学校中，但由于体制问题，所成立的培训中心大多是按学校的主体意愿、以教学培训为主要任务，与企业没有多大关系。

所以，要考虑运用行业协会的力量，让其成为职业教育中协调学校与企业的角色，同时也可以让其参照德国跨行业培训中心的做法，整合行业周围的培训资源，为学校及企业作职业教育补充。

更重要的一点，就是要加大企业在职业教育中的参与度，政府应通过立法的方式，让一部分有能力的企业承担职业教育的社会责任。当然政府可以用一些政策或税收来引导企业的积极性，这也有利于企业的用人规范管理。

最重要的是，职业教育的教学过程必须要与企业生产同步，学生要能够到企业去参与实习实践。毕竟这些学生最终都要走上企业的工作岗位，更早地与企业互相认识，也是有助于稳定学生的就业率。事实上，在企业与学校中间需要一个协调人，行业协会是非常适合做这项工作的。

3. 职业教育应给职业人更大、更灵活的选择空间

在德国，许多人都将工作视为一种快乐、一种对个人兴趣的追求。至于自身学习，是源于工作及职业的需要。

（1）从事什么样的职业，应由学生自己按兴趣选择。在跨企业培

训中心中，我们见到大批职业教育的学生来参与为期3天的职业导向兴趣班，所有学生都可以尝试选择2 ~ 3个职业项目进行尝试，以确定自己的职业意向。

这里的导向课程是有产品产出、实物或服务的，而且非常有趣，企业及培训中心会安排最简单、最有创意、最贴近生活的项目给学生进行操作。一切工作是为了让学生感受并发现自己的兴趣爱好。

（2）什么时候参加工作，学生可以自己安排。德国近八成的年轻人都通过职业教育走向自己的职业岗位。当然并不是所有的德国青年都喜欢学习，但他们通过职业培训后能找到一份工作，在参加工作后还想要学习提高的话，也可以随时回到学校学习，某一阶段学习的时间没有限制，真正做到终身学习。边工作、边学习，只要得到足够的学分就可以进入更高级别的学习、获得相应的职业资格，现代年青人都喜欢自由的学习方式。

在我国也存在同样的问题，强迫学生参与学习、工作是没有太好成效的，最好的方式是通过现实的工作让他们感觉到需要学习什么才能让自己提高，这样才能产生学习的动力。

4. 引导国民树立诚信的习惯

一个人的成长离不开诚信，并将其建立在良好习惯上去养成。诚信能够长期地保持稳定，更体现在对目标的坚持。德国的职业教育发展至今天已经取得了巨大成就，这离不开德国人对职业教育的一贯坚持与诚信下的优异品质。

未来的发展将是国际化的强强联合，各国最优秀的人群将在更高层次的平台上交流，诚信是吸引这一资源的有利条件，如西方发达国家（德国、美国等），无不是引入大量的优秀人才以期保持国家经济的发展与国力的长久不衰。

三、对目前广东省职业教育的“产”与“学”的建议

1. 从幼儿教育开始培养职业理念

目前的教育体系不难发现，职业教育学生刚入学时与职业需求、企业文化没有多少联系，他们真正接触到企业，起码已经到了16岁。

所以，我们的教育体系可以适当参照德国的模式，在幼儿、小学阶段植入职业、企业文化：

（1）让幼儿园的孩子，每个月都有机会到企业参观，在童年就有优秀企业的印象。

（2）让小学的孩子，多参加企业组织的趣味性启蒙活动，引发孩子对职业的兴趣。

（3）在12岁前，要向孩子们多开展让民众自豪、有国家向心力的企业文化教育，树立儿童爱国之心与民族自豪感。

2. 强化对企业用工信息的收集及反馈

要让信息化成为管理及沟通的工具。建议为每一位劳动者建立数据库，或是从某一阶段开始，用人单位可以通过数据库真实了解劳动者的成长信息及选择培养对象。

3. 要鼓励社会力量参与职业导向的活动

只有国家投入或者是几个培训机构参与，社会的职业教育引导工作才不会产生质的改变。因此，可以在建立完善监督机制的条件下，采用公开招标方式，引入社会力量承办职业导向工作，让更多的培训机构采用其培训的场地及职业背景，为广大的青少年营造参与社会生产活动的职业成长环境。

4. 多渠道成才之路

随着社会的发展，人们获得信息的渠道形式多样化，个人成长也随着人类平均寿命的延长而向后推移，古语有“大器晚成”的比喻，已经成为大多数年轻人的真实反映。因此，在现有的职业教育体系中，可以尝试推广以下做法：

（1）不但职业教育的教师要到企业体验，每个职业教育的学生也要利用课余时间参加企业的生产活动，学生要带着任务（所学专业背景）参与社会生产，并计算时长纳入学生的毕业成绩及毕业条件。

（2）适当放宽职业院校毕业时间规定，通过学分制的管理，引导职业院校学生完成学业。

（3）政府可以鼓励有实力的企业为学生提供参与社会生产体验的空间与岗位，让企业承担起应有的社会责任，并深入参与职业教育。联合行业协会，逐步加强对从业人员的整体管理及整体素质的提升。

5. 重视劳动者的服务年限

要重视劳动者在生产线上的劳动服务年限，尤其是考虑大多数一线劳动者的利益与感受。在评价一个企业是否优秀时，要考虑企业整体员工为该企业服务的平均年限与实际贡献，这是一个企业稳定发展的基础。

德国职业教育学校信息化建设带来的启示

黄嘉平

2015 年 6 月 28 日至 7 月 11 日，我跟随广州市技工教育“双元制”研修团赴德国进行了为期 14 天的培训学习，先后前往法兰克福、柏林两个城市，参观考察了职业技术学校、行政学院、教育部职业教育处、政府教育学校监管处等 11 家与职业教育有关的机构，与德国职业教育学校校长、教师和政府有关人员进行了交流沟通，对德国职业教育和“双元制”教育及学校的信息化建设有了较全面的了解和认识。德国职业教育、“双元制”教育及学校的信息化发展给了我们很多启示，一些经验、做法值得我们学习借鉴。

一、德国“双元制”教育的基本情况

“双元制”是德国最具特色的职业教育模式。在德国，儿童从小学开始经过 10 年的义务教育学习，再根据每个学生的智力和学习状况进行分流：一是文理中学；二是普通中学；三是实科中学。文理中学的学生将来以进入综合性大学为目标；普通中学的学生将来是以直接就业为目标，成为技术工人；实科中学的学生将来以进入高等的职业院校和应用型大学为目标，成为未来的技术工程师。普通中学学生因还没有完成义务教育的年限，因此他们会一边在学校学习一边在企业当学徒，这就是著名的“双元制”教育，是企业和学校分工协作、共同培养人才的一种办学模式。德国 75% 以上的初中毕业生通过劳动力市场寻找到愿意接受学徒工的企业，与企业签订培训合同后，就可进入企业或行业协会的培训机构接受某一职业的技能培训，同时也可进入各类相应的职业学校学习必需的文化基础知识和专业技术理论。

二、德国职业教育学校信息化发展情况

德国是世界上典型的经济强国之一，也是欧盟国家中重视信息化

建设并且信息化程度较高的国家之一，对教育信息化的投入和建设也始终走在世界前列。早在 20 世纪 80 年代初，德国就提出了“信息与通信技术教育计划”，将新的信息通信技术列为学科基础，并在中学课程中有计划地渗透相关专业知识，希望通过这样的课程与教学，使年轻人能够跟紧时代发展，有能力立足现代化世界，并推动社会发展。

教室中的可升降交互式平板

1. 教育体系的结构及性质

在德国，教育由联邦及各州共同负责，联邦政府主要负责教育的规划和职业教育，并通过各州文教部长联席会议来协调全国的教育工作。而各州主要在中小学教育、高等教育及成人教育和进修方面，行使主要的立法和行政管理权。

（1）职能部门的职责。德国是一个联邦国家，整个教育事业由国家监督，但有关教育方面的立法和管理等具体内容主要由各州负责。州政府及其隶属的行政管理机构通过颁布法律和行政规定，将学校发展目标和任务加以具体落实。

（2）职业教育信息化的背景。德国是个制造业和工业高度发达的国家，在“现代工业 4.0 的经济发展计划”背景下，德国制造业对于新型人才的需求不断上升，特别是信息科学等技术类专业人才缺口巨大。为了培养更多信息科学等专业人才以适应社会经济发展需要，大力推动教育信息化的发展进程，德国政府和社会及企业教育机构也开始着力于培养能够承担高级技术工作的专业人才。

2. 推行教育信息化发展的措施

教室多媒体设备

为了更好地实现职业教育信息化，近年来，德国颁布了一系列有关教育信息化发展的规划，明确提出扩大数字基础设施和网络的建设，并在 2014 科学年活动中将主题确定为“数字化社会”。在教育行业方面，加强相关的基础教育、未来教育和继续教育与培训，增强教育工作人员及学生使用新媒介和新技术的能力。在 2014 年内，德国共支出 140 亿欧元的经费投入，重点资助包括数字化、健康、能源、可持续发展、交通、公共安全等领域的建设。同时为提高教师的信息化技术水平和能力，还计划在之后 10 年中投入 500 万欧元，与各州一起加强对教师的数字化培训，以资金投入作为教师培训的保障。

（1）网络建设。根据2009年德国经济和技术部等机构发布的《数字德国监控报告》，德国家庭互联网接入普及率达到了79.1%、家庭计算机普及率为84.1%、大众无线电话普及率为130.9%。现各院校互联网接入网络都是由政府投资建设的，免费提供给各院校使用，有线网络覆盖全校各教学场地和办公场地（我们考察学习的院校中只有一家是无线网络覆盖）。

整洁的电源、网络接头　　网络光纤、网络线布线线槽

（2）信息化设备。各院校的教室都配有多媒体教学设备、互联网接入、计算机实训室，信息化专业学生每人1台计算机，其他专业每2名学生有1台计算机，供其在课堂及课后使用，网络免费使用。

机电一体化计算机教室

3. 信息技术应用于教学方面的措施

在大力建设信息技术设施的基础上，德国职业教育机构、职业学校已经全部将信息技术应用于各教学活动中，从而改进学生学习条件，并由政府开发学习平台和电子教材，免费提供给学生使用，比如在远程教育学习、移动学习、数字教材等方面的开发和使用。

4. 运用 ICT 增强教师教学能力

ICT 是信息、通信和技术（Information Communication Technology）3 个英文单词的首字母组合，是信息技术与通信技术相融合而形成的一个新的概念和新的技术领域。德国政府每年额外增加 ICT 相关资金，用以投资职业教育和教师培训。

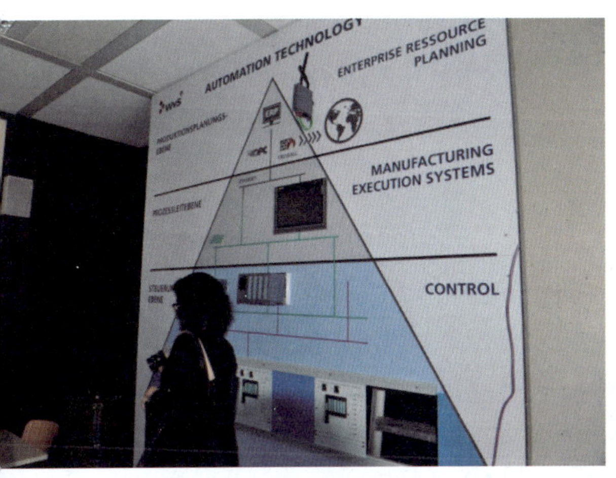

可远程控制的教学设备

远程教育平台总电源开关箱

三、教育信息化的启示

作为欧洲乃至世界教育信息化水平较高的国家，德国教育信息化的发展历程可以为我们带来众多启示。

1. 加大对教育信息化的重视

在信息技术高速发展的今天，教育的重要性对一个国家来说不言而喻，能否培养出符合信息化社会多方面需求的人才，与一个国家是否有不竭的发展动力息息相关。作为一个发达国家，德国深切地意识到教育信息化的重要性，因此无论是联邦政府出台的宏观战略规划，还是民间举办的科学年主题活动，无不体现出对教育信息化的高度重视。只有深切意识到了教育信息化的重要性，将其规划进发展战略中，并制定具体可行的实施方案，教育工作者才能有的放矢，更好地促进职业教育信息化的发展。

2. 加大信息技术基础设施的建设投入

德国对于信息技术基础设施的投入逐年增加，高速的通信网络是实现教育信息化的基础。广州市虽然近几年信息技术基础设施也有很大的投入，但相对于职业教育的发展规模还远远不够，仍存在发展不平衡、基础设施投入短缺、标准不统一、网络带宽不够、费用贵、信息化技术程度不高等情况，因此，需加大对信息技术设施的建设与投入。

3. 各方面共同促进职业教育信息化

德国的职业教育始终走在世界前列，其独特的“双元制”教育模式使得企业与教育部门能够共同发力，不仅为学习者提供理论上的帮助，更能为其提供大量的实践机会和技术支持。多方面共同发力才能促进教育信息化的发展，对于我们来说，开展教育信息化的场所不仅仅是学校，企业、图书馆、博物馆以及其他机构，都可以运用信息技术设施帮助教育者与学习者开展教育活动。

4. 以学习平台为载体，满足学习者的多元化需求，提高学习者终身学习的能力

德国把社会、行业、企业和个人都作为职业教育与培训系统的顾客，这种运行机制使德国形成了完全依靠顾客驱动的职业教育和培训市场，因此教育服务内容具有多样化和灵活性。如职业教育和培训机构提供的培训课程与企业用人市场需求紧密结合，每个行业上岗都要求有培训证书。另外，提供更多透明、公开的职业教育与培训信息，使学习者明确自己将从职业教育与培训中获得什么，以及知道怎样运用这些服务信息等。德国的教育部门、协会网站上都有职业教育和培训相关版块，这里面涵盖了所有的法律、学科、专业课程等，每个学生都可以进入网站学习和查询资料，包括教学大纲、教学材料大家都可以拿到，学生可以通过网站了解到他的专业将会学习到哪些知识点、根据这些学习点设置哪些考试要求，以及考试的材料等。这种公开的信息使学生非常清楚他们在职业教育的考试过程中要达到什么样的水平。

从德国职业教育看校企合作

严军

怀着非常渴望和激动的心情，我参加了广州市人力资源和社会保障局组织的市属职业教育教师赴德国为期3周的培训与考察。21天的德国之行给了我非常系统的教育培训机会，使我亲身体验了德国职业教育的精髓，尤其是校企合作方面让我有了新的认识和思考。德国职业教育是企业与学校共同承担教育责任、共同履行教育义务、共同开展教育工作的校企合作的典范。

一、发达国家职业教育的经验

校企合作是早已被发达国家证明为行之有效的高技能人才培养模式。

通过本次德国之行，让我深深体会到什么是真正的校企合作。

德国整个教育体系中，职业教育占有着重要的地位，而“双元制”是德国推行职业教育成功的关键。从学校的招生、师资、专业及课程的设置，到课程教学及实训、考试，学校与企业紧密结合，在政府的宏观管理下，培养出既懂理论又有动手能力的生产和管理人员。

德国的“双元制”教育体系注重解决理论与实践的最佳配合。“双元”的一方学校为学生传授职业知识与技能，另一方企业则为学生提供实践场所。“双元制”模式下，教学内容、教材确定均由企业和学校共同完成，企业协会对学校的教学计划有最终的决定权，学生既是学校的学生，又是企业的学徒，培训中学生接触的是企业使用的最新设备，学到的是企业最先进的生产技术，培训方式很大程度上就是生产性劳动。

德国职业教育的课程，是以企业真实的工作任务领域为基础，以工作过程为教学展开的路径，再根据职业教育学的理论和方法，融入教育因素来开发和设计，实现企业需求与教育需求的集成。这是校企合作的宏观构想在微观课程层面的具体落实。

校企合作这种模式，最大受益者是学生和企业。可见加强校企合作、推进产教结合，把企业的需要作为职业院校的选择是职业教育发展的方向。只有确立为企业服务的理念，不断带动教学内容、教学方法的变革，带动专业设备的更新、师资队伍的建设、学生实践能力的培养和整体素质的提高才能适应社会经济发展的需要。

二、我国职业教育校企合作的不足之处

目前，我国职业教育出现了快速发展的良好局面，已经从规模发展陆续进入内涵发展阶段，但校企合作的机制如何真正落实是当前我国职业教育中急需解决的问题。

多年的办学探索中，职业院校不断拓宽办学领域、制定校企合作中长期合作规划、聘请企业技术权威参与学校人才培养方案的制定和调整，并且组织学生进行顶岗实习、根据社会需求增开专业、千方百计吸引企业参与到校企合作项目中并发挥应有作用，办学实力不断增强，在专业设置、课程开发、教师培养、课堂教学等环节已经体现出较为适用的校企合作的内容。

但个人认为，目前的校企合作程度仍然较浅，学校有与企业合作的强烈愿望，企业却因为生产计划或生产安全等诸因素不愿接受学生实习，学校也因为教学计划的严肃性无法适应企业需求，最终导致校企合作协议履行得并不完全尽如人意。

究其原因，主要是人才的培养目标和培养计划由学校制订和实施，企业只是应学校提出的要求，提供一定的实践教学环境，辅助学校完成最后一年的培养任务。这主要体现在以下三个方面：一是学生水平偏低，导致企业缺乏校企合作的主动性；二是学生实践经验不足，导致企业缺乏校企合作的积极性，因为学生在学校学到的知识和技能，企业用不上或已严重落后，不适应企业的发展需要；三是师资知识结构陈旧，导致企业缺乏对校企合作的现实需要。技能人才的培养，离

不开高技能的教学人才。现实情况是，仍然存在很多技校教师是从学校毕业后直接上讲台，大多数教师缺乏专业实践工作经验和必需的专业技能。

三、如何理解现行体制下的校企合作

尽管中德国情不同，然而支撑德国经济发展的职业教育的校企合作经验，需要我们进行深入研究和有效借鉴。

我国由于文化背景、经济发展水平、职业教育环境和教育理念的不同，从整体上说还没有真正建立起有效的校企合作的运行体系，还处于相对的发展阶段。作为职业教育工作者，我们不能坐等政策的下达，有责任、有义务加强对校企合作机制、合作模式、合作内容等方面的研究和探索，为学生提供校企结合的学习环境，使培养的学生能够真正为社会所欢迎。

虽然在我国目前还没有推行真正的“双元制”，但我们可以根据工学结合的教学改革的实际需要，在课程开发、校内外实训基地建设、学生顶岗实习等方面进一步深化校企合作，初步形成“双元”的构架，并开展企业调研，与企业的能工巧匠组成教学团队，开展行动导向的教学模式。我校当前正处在示范院校建设期，以校企深度合作为途径，积极探索工学结合人才培养模式，是提高人才培养质量的关键措施。

四、如何真正落实校企合作

通过思考并结合我国实际情况，我认为应该在下列几个方面真正落实校企合作：

（1）在学院层面建立健全校企合作管理制度、建立校企合作长效机制，以保障校企合作的有序开展。校企合作、工学结合的前提是要与企业建立牢固的合作关系，互相支持、互相帮助，并建立利益共同体。

（2）成立校企合作协调组织，由校企双方领导组成，定期邀请企业领导来学校，通报各自发展情况，了解企业发展规划，获得用工需求信息。

（3）成立专业指导组织，由学校专业带头人和企业技术人员组成，研究学生培养方案，开发适应企业需求的人才培养方案。形成“企业要什么，学校教什么”的教学理念，及时修订课程设置和教学模式。

示范院校建设提出了重构基于工作过程的课程体系，需要通过大量的企业调研，按照岗位对知识能力的要求开发新的课程体系。因此，应该以岗位任务为导向，推动课程体系改革，各专业分别聘请企业工程技术人员与学校的专业教师联合组成课程开发小组，深入开展企业调研，进行岗位任务分析和课程结构分析，以培养学生的专业能力、方法能力和社会能力等核心职业能力为最终目标。

（4）学校依托企业培训教师，定期安排教师到企业实践，与企业的能工巧匠组成教学团队。充分利用企业人才资源优势，聘请企业的专家和技术人员担任兼职教师，参与专业建设、承担一定的教学任务，逐步形成一条校企兼聘、互相受益的人才共享模式。

教师队伍的质量是培养高技能人才的关键。各学校应有计划地安排各专业教师到企业进行专业实践，提高教师的技能水平，保持技校教师应有的行业领先水平。教师只有真正深入企业、掌握企业所需要的专业知识，才能将职业的行动领域化解为学校的学习领域，再使用适当的教学方法让学生学到真正的知识、掌握实际的本领，使学生毕业后能很快融入企业中。

（5）加强学生动手能力培养。要真正实现产学结合，理论课程体系和实践教学体系要有自己的特色，要打造有影响力的品牌专业。重视教学研究，要求专业教师在指导实习时，结合实际、真题真做（例如将机电专业的学生和学院的物业公司联合，使学生有条件接触到企业的真实工作场景）。例如师生在研制开发一些项目设备的过程中，有意识地加深对该类设备的原理、系统、性能、安装、维护、保养等方面的全面认识，提高专业课程的教学效果，同时也让学生搜集大量专业前沿发展的信息资料，以拓宽他们的专业知识面。

校企合作是职业教育人才培养的优秀模式，工学结合是促进学校和企业发展的有效手段，我们只有不断深化校企合作内涵，提升校企合作层次，才能真正培养出符合新时代要求的高技能人才。

德国“双元制”职业教育课程与教学的学习启发

冼宇坚

2015年6月28日至7月11日，我有幸参加为期14天的赴德国“双元制”职业教育的培训。之前我就有所耳闻在一个8 000万人口的德国，竟然会有2 300多个世界名牌，这靠的应该是德国人的工作态度和对每个生产技术细节的重视。西门子公司的总裁是这样回答的，“我们德国的企业员工承担着要生产一流产品的义务，要提供良好的售后服务的义务。”怀着探索德国人对事情的严谨、认真态度的好奇心，我踏上了德国“双元制”职业教育培训之旅。在此次培训期间，我们对德国各类职业院校、各类教育机构不断深入拜访，深感“双元制”职业教育课程与教学的严谨性和实用性，处处体现了规划合理、标准务实、以人为本的特点。德国“双元制”职业教育体系无论是科目目标的制定、课程方案的描述还是教学方法的运用等都体现的实用性、综合性和严谨性。以下是我对德国“双元制”职业教育课程与教学的学习总结与有关启发。

一、课程开发的流程

1. 体现职业行为体系特色

“双元制”职业教育课程主要依据企业的工作情况，确认与描述工作过程，将工作过程总结为行为领域，然后按照教学大纲和教学标准来设计、构建教案，兼顾客观条件，按照教学方法和准则来实施教学。

2. 实践课程的设计

“双元制”职业教育课程开发时，根据就业体系的职业行为系统化获取、分析和确定工作任务，绘制职业工作程序，由工作程序思考教学方法、得出培训任务。培训任务的目标是培养职业行动能力，包括基本知识、行为知识、意愿知识，通过职业行动与专业知识的内容比较宏观层面课程大纲，得出学习实践领域，经过教学方法改进行动领域任务的目标与内容；因各州地区性和学校的实际情况问题，在实践领域规划教学方法的设计目标、内容、组织等，通过教研组描述和设计出真实的实践场景并塑造典型行动场景；由任课教师做出课程的计划和准备，其中实践场景取决于实际教学条件，最终达到职业行动能力的提升。

西门子职业学校理论课堂

二、职业教育的课程体系与职业培训教材的特色

“双元制”模式下，学校教育与企业实操的课时比例一般为 2 ∶ 3，因此理论课的课程设置精而实用，实操课的课程设置主要针对行业企业的需要，目的性很强。课程设置是依据联邦主管专业部门会同联邦教育部对国家承认的培训职业而制订的教学计划，以及指导学校教学

的教学框架，每个州在课程设置上会有所不同。

三、课程设计体现以职业活动为核心的特色

"双元制"模式下理论课程的设计以职业活动为中心选择内容，并确定了以职业活动为核心的阶梯式课程结构。课程结构在横向上围绕着职业活动综合分为专业理论、专业制图、专业计算三门课程，覆盖了专业所需的所有理论，知识面广、深浅适合、综合性强；纵向上所有课程又分为基础培训、专业培训和专长培训 3 个层次，呈阶梯式逐渐上升。

柏林布兰登堡产业促进中心实操课堂

四、课程的类型特色

"双元制"模式下，课程总体上可分两大类，即理论课与实操课。实操课主要是在企业内进行，理论课则主要在学校内进行。但这不是固定不变的模式，而是有一定程度的交叉。企业实操课除了在实操车间、培训岗位进行训练之外，也包括在实操指导教室为学生讲解必要的理论知识。在学校，除了理论教室、实验室之外，还有作为理论教

学补充的实操车间。企业内的实操教师在企业上实操指导课时，可根据需要对教材加以补充；职业学校的教师则将那些在企业实操车间无法学到的技能，在学校实验室或实操车间内向学生演示。

五、教学形式与方法的多样性

德国在教学方法的改革上坚持以“能力为本位”的原则组织教学，突出在一线岗位从事现场和实际的职业活动能力的培养。在德国的职业教育中，课堂教学的形式和方法是多样化的，专业理论课教学通常采用班级授课的形式，根据需要选择媒体和教学方法；专业实践课采用分组教学的形式，分组有特有的方法和要求，决不能随意去分。严格限定学生人数，一般班级人数不得超过 30 人，小组不得超过 8 人（一般为 3 ~ 5 人）。一般学生 9 月至次年 1 月每周上课 1 天，6 ~ 8 月，每周上课 2 天，共 100 学时，剩余的时间回企业实习。例如，若学生所在企业数控机床较多，则学生在企业的数控机床进行操作练习，否则进行基础训练。学生广泛开展互相帮助，小组人数很少，但由好、中、差 3 个部分的人组成，采用因人施教的方法，用不同的进度进行教学。

分组教学

六、以企业为主导、学校为辅导共同紧密执行课程实施

德国职业学校内的课程任务是，从专业理论方面来促进和补充企业中的职业技术培训。德国强调教学质量，学生的职业技术培训，由企业义务完成，企业要保证培训质量，学生也要遵守制度认真学习。把课堂教学与现场教学有机结合起来，既为学生掌握必要的职业训练和做好就业准备提供了条件，又可以把在工作岗位上接触到的各种信息反馈给学生，使学校不断更新教学内容，提高人才培养质量。尽管不同层次的职业教育培养目标不同，但都是培养各种技术人才及生产工人的，而不是理论工作者或科研人员。技术人才和生产工人都要在生产第一线从事生产活动，因此必须具备实际的动手能力，在学用结合上下功夫。

企业为主导的实操教学

七、项目取向教学方法的应用

项目取向教学方法就是让不同课程的内容在一个教学项目中体现出来，有时又称为跨专业的课程。为了使学生在问题的解决过程中习惯于一种完整的方式，对在教学中提出的问题进行解答时必须要用到

多个学科的知识。德国教师的教学不是单纯地通过讲课的形式，他们大多选用一定的载体。例如，汽车专业对供电设备和起动设备进行检验和修理的教学中，他们选用了汽车仪表充电指示灯闪烁作为载体，让学生通过编制一套解决这一故障的方案，掌握维修的基本方法、各种供电设备的原理、维修技巧的选择等。在学习过程中，学生可以应用实际的汽车维修技术，提高了学生学习的兴趣，教学的效果自然会很好。在制作维修方案的过程中，同时传授学生万用表的使用、诊断仪器的使用、维修手册的查阅等。充电系统、电路识图系统、车辆的操作系统、维修成本控制和工业经济学等知识的传授，可以引导学生进行市场调查，了解零件价格、维修成本、人工工资等，从而计算汽车充电灯闪烁维修的成本，如果成本太高，那么就将着手考虑采取什么措施来降低成本。如果这个问题扩大到社会学，那么也可以调查汽车维修的社会作用，从而让受训学生除了学到专业能力之外，还提高了社会能力、学习能力和方法选择能力。

八、相关思考与启发

1．“双元制”教育课程模式的不足之处

“双元制”教育课程模式对企业和经济的依赖性过强。企业和经济对于技术革新和变化的反应速度不一，一般相对迟缓。单纯的学校职业教育通过学校人才培养方式和规格的修订以及课程和教学计划的革新来影响职业教育的发展，对不断变化的外界一旦反应迟钝，就很难从人才培养规格、类型、教学和课程设置以及考试方式上及时或超前地反映科技和经济的变化。

2．启发

（1）利用现有的校企合作深化打造“高标准、全工种、深层次”的校企合作模式，使教学环境对接生产环境、教学任务对接生产任务、

教学过程对接生产过程、教学评价对接生产评价，实现人才培养与企业需求完美对接。

（2）学校和企业共同制定课程体系。校企双方根据企业真实的工作任务及工作流程，共同制定以培养学生综合职业能力为目标的“定向班”培养方案，共同开发培训课程，并完善相配套的教学设计、学习工作页、教学录像和案例资源等，初步形成基于工作过程的课程体系。

（3）产教文化融合。校企合作过程必然要实现学校文化与企业文化的融合，将企业严格的制度文化、管理文化，引入学校的制度管理，使学生在校期间已感受到企业的影响力，严格执行各种规章制度，学会听从分配、服从管理；将企业严格的产品质量标准引入教学内容，将企业严格的岗位职业标准引入课程标准，使学生在学习过程中接受了企业的职业要求，掌握相关的知识、技术、技能；将企业的环境文化引入校园，建设企业培训中心、校园雕塑、宣传栏等，使学生在学校生活的每时每刻都感受到企业文化的熏陶教育。

（4）校企文化融合。此方面的目的是使企业文化与校园文化无缝对接、深度融合，营造企业文化氛围，推动学校专业建设，使学生在价值观念和行为规范上更加符合企业需求。只有文化上的互相认同或契合，合作才可能持久。

第五章　新西兰

新西兰职业教育之印象

梁登

没来新西兰之前，我对这个太平洋岛国的认识几乎空白，唯一的印象就是几个月前的“恒天然毒奶粉事件”新闻，所以，最初对新西兰的印象并不是十分的好。之前来自新西兰的语言培训老师西蒙热情为我们介绍了新西兰的历史、文化、现状等，这位笑容可掬的老师让我们对新西兰多了一份好感和期待。

今天已经是到新西兰的第 18 天了，坐在汽车旅馆的房间里，窗外蓝蓝的天空、雪白的云朵，还有空气中淡淡的青草味，以及远处酒吧爽朗的笑声。行程很快就要结束了，但我对这里的所学所感却很难忘记。

一、新西兰之印象

作为发达国家的新西兰，在过去的 20 年经济蓬勃发展，成功地从农业为主，转型为具有国际竞争力的工业化自由市场经济，但其对环境和自然的保护相当到位，几乎没有受到污染。新西兰气候宜人、环境清新、风景优美、旅游胜地遍布、森林资源丰富、被誉为“长白云之乡”。新西兰人民的生活水平也相当高，排名联合国人类发展指数第 3 位，是全球最清廉和最安全的十大国家之一。在新西兰，我们感受最深的就是这里的蓝天白云、碧水青山、鲜花绿树，整个国家就像是一个大花园。

二、新西兰的教育体系

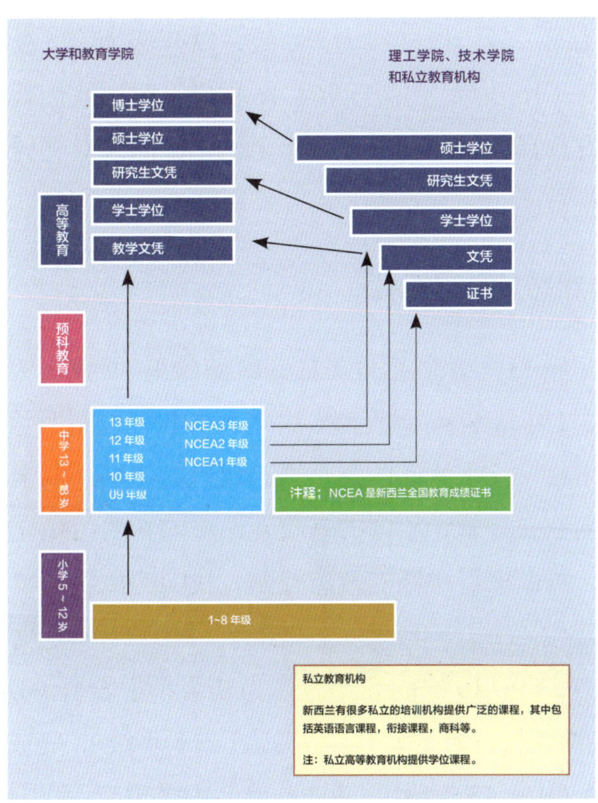

新西兰的教育体系

原为英国殖民地的新西兰，其教育系统可视为英式教育体系的一种。孩子 2 岁起可以上幼儿园，直至 5 岁生日起上小学。在新西兰 6 ~ 16 岁的孩子必须接受强制（义务）教育，但是大部分的孩子从 5 岁开始上小学，从小学 1 年级起到中学的第 13 年级为政府资助的义务教育阶段，免费的义务教育最多可延长至 19 岁。其教育机构分为高等教育机构（包括大学、理工学院等）、中学、小学和幼儿教育机构 4 个等级。

幼儿教育（2 ~ 5 岁）：为幼儿教育阶段。该阶段为自愿性质，父母可以选择上幼儿园或者自己在家带都可以。

小学（5 ~ 12 岁，1 ~ 8 年级）：大部分新西兰孩子会在其 5 岁生日过后进入小学 1 年级就读。法律规定，孩子在年满 6 岁时必须入学。

中学（13 ~ 18 岁，9 ~ 13 年级）：从 11 年级开始修读 NCEA 证书，11 年级为第一级，12 年级为第二级，13 年级为第三级。

高等教育（16 岁以上）：当学生 16 岁以上时，他们就可以根据自己的实际情况选择一年制证书、一年至两年制的大专文凭或三年至四年制的学位课程。

三、中新教育体系对比

新西兰实施 13 年基础教育（1 ~ 13 年级），而我国实施 9 年制义务教育（小学 1 年级至初中 3 年级）。与我国相似，新西兰大部分的学校属于公立学校，几乎所有的资金来自政府的津贴，但学校也常会为购买设备而向家长筹款；不同的是收费昂贵的新西兰私立学校大都属于教会创办，可以取得小额的政府补贴，我国的私立学校则大多是私人投资的。

在新西兰，5 ~ 10 岁的 6 年教育为初级小学教育（1 ~ 6 年级），11 ~ 12 岁的两年教育为高级小学教育（7 ~ 8 年级），完成高小后进入 5 年中学教育（9 ~ 13 年级）。新西兰的 7 年级相当于我国的初一，12 年级相当于我国的高三，而 13 年级则相当于我国的大学预科或大学一年级。

在新西兰，学生在中学 3 年级（11 年级），必须参加全国性的考试，以获得学业证书，英文是唯一的共同必修课目。学业证书的颁发以学生在校期间的学习成绩、内部评定及最后一次考试来决定，而不是以“一试定终身”为规范，学业证书是由新西兰资格认证局（NZQA）颁发的。与其职业资格相符的 Level 证书，是被大众认同为求职的最低资格证书，而学生在完成 Level 1 ~ Level 2 和 Level 1 ~ Level 3 的证书修读后，学习成绩达到学校规定的标准，即可获得高中毕业证书，并可以自由参加大学奖学金入学考试。若要进入大学修读，成绩中必须有 3 科能达到 C 级，若成绩优异，则可获得荣誉奖状及奖学金的鼓励。

中国-新西兰教育体系比照图

中国			NZ 年龄	NZQA 等级	新西兰		
等级		年龄		10	Doctorate 博士学位(3年)		
博士、硕士学位		22+		9	Master 硕士学位(2年)		
				8			Postgraduate Diploma 研究生文凭/授课型硕士
大四	大学本科	21		7	Bachelor 学士学位(3年)		Graduate Diploma 本科文凭
大三		20		6			Diploma 6级大专文凭
大二		19	16+	4-5			Certificate / Diploma 4级证书/5级大专文凭
大一		18	17-18	NCEA LEVEL 3	High School / College 中学	13年级	Foundation / A Level / IB 大学预科
高三	高中/中专	17	16-17	NCEA LEVEL 2		12年级	AS Level / IB Diploma
高二		16	15-16	NCEA LEVEL 1		11年级	剑桥IGCSE
高一		15	14-15			10年级	
初三	初中	14	13-14			9年级	
初二		13	12-13	Intermediate 高小		8年级	
初一		12	11-12			7年级	
6年级	小学	11	10-11	Primary School 小学		6年级	
5年级		10	9-10			5年级	
4年级		9	8-9			4年级	
3年级		8	7-8			3年级	
2年级		7	6-7			2年级	
1年级		6	5-6			1年级	
幼儿园		4-6	2-5	幼儿园			

中新教育体系对比

四、新西兰的教育管理

新西兰的教育管理体系与我国有很大的不同。新西兰没有地方教育管理部门，而是由中学、大学机构独立自行统筹管理自己本校事务。

不同年龄层次的学员在同班级上课

而国家的教育部只负责制定教育大纲、要求建议和资金安排等，进行全国教育系统宏观性的日常管理。新西兰教育管理内容主要体现在4个方面：一是注册管理。由政府依法设立的各学校、理工学院、大学、教育学院和毛利人（原住民）高等教育机构不需要注册，需要注册登记的是私立学校，以保证私立教育机构能够在一个健康、安全的环境中提供高质量的教育和培训。二是课程审批管理。新西兰所有的教育质量保证机构采用同样的公报公布标准开展课程审批，被批准的课程必须条理分明，基于清晰且统一的目标、内容、学习成果和评估实践，所有招收国际学生的课程必须通过批准。三是资质认证管理。一家机构有能力教授某一个已被批准的课程或者授予全国教育资质大纲学分，这所教育机构必须注册并通过资质认证，才能根据全国教育资质大纲标准报告学分，或者教授经批准的课程。四是持续性质量保证管理。学历评估委员会负责根据质量保证标准注册私立学校、公立学校和毛利人高等教育机构并授予资质认证。一旦获得注册，审察活动以1 ~ 3年的周期开展，通过行业机构和政府机构，采用对教育机构活动的持续监控、自我评估和质量审察等方式来评估其质量，教育机构应每年向新西兰学历评估委员会呈递一份年度评估计划。

理工学院注重对学生实践能力的培养

五、新西兰职业教育与培训

职业教育的专业设置与社会需求高度一致

新西兰没有独立的职业教育体系，但职业教育和技术培训在该国倍受重视，是属于高等教育的一部分。该国的高等教育由大学、理工学院及私立培训机构三部分组成，大学及理工学院由政府拨款并实行自主管理，理工学院除了不可以提供博士学位外，可以和大学一样提供大学本科和研究生学位课程，并授予学士、硕士、研究生文凭。理工学院和大学可以互相转换学分（如商科），学生在理工学院所修的某些课程学分为大学所承认，其毕业后入读大学可以免修这些课程。

新西兰的理工学院、技术学院、私立的培训机构以及实习基地是职业教育的主要提供者，他们通常采用全脱产和学习实践相结合的方式把理论知识和行业技能传授给学生，并在毕业后获得相应的技术学历证书和专科文凭。政府颁布各项法规鼓励学生选择到各行业培训组织去接受职业教育培训，这些行业培训组织是各个行业的关键组成，他们发展和维持着国家级技术标准和资格，其本身也提供一系列的在职培训课程。培训中，实习车间主管有资格评定学徒的在职培训技能和业务知识是否合格，雇主同样也有资格对这些培训做出评判。新西兰职业教育的教学方法主要以注重培养学生工作能力为宗旨，采用国家职业教育学历评估体系为能力培养基础的教育方式，设立了国家级的审核标准并通过强大的政治推动力推进了这一标准的发展。高等教育学校所授的文凭由新西兰资格认证局（NZQA）负责审批和监督，在新西兰拥有强大的法律效力。

职业教育毕业生在新西兰一般提供证书和专科文凭两种，1 ~ 4 级为证书级别，其中 1 ~ 2 级为岗前培训，3 ~ 4 级为证书文凭；5 ~ 6 级为专科文凭，相当于我国的高级证书级别；7 级为学士学位级别；8 级为研究生文凭，或者荣誉学士级别；9 级为硕士学位级别。

新西兰的 10 级学历资格框架，将基础教育、职业教育、培训教育和高等教育等纳入了同一体系，架起了衔接和沟通新西兰各教育系统之间的“立交桥”，构成了国家的终身教育与培训体系，不管是刚中学毕业的学生还是已经头发斑白的老年人，都可以在框架体系内自由报读高一级的学历（或资格证书）。因此，我们在新西兰国立联合理工学院（UCOL）的学习交流中，几乎在每一个学习班里，我们都会发现 10 多岁的青少年，20 多岁的青年人，40 多岁的中年人，甚至有 60 多岁的老年人，他们在同一个班级进行职业学习，他们的课程内容、教学目标及考核标准都是一样的。在完成最后的考核后，他们都可以获得一个由 NZQA 负责审批和监督、由理工学院所授的证书或文凭，这个证书或文凭是学员们获取职业岗位和相应薪酬的主要依据。

六、结束语

21 天的新西兰之行即将结束，我们耳濡目染、感同身受，这里给了我们太多的惊喜和思考。在新西兰这样的一个人口小国，许多制度很完善、很先进，他们注重人与自然的和谐发展，注重人与人之间的平等公平，注重享受工作的快乐；在教学中，他们真正以学生为中心，所有的服务都是围绕学生的快乐学习和健康成长成才而进行，而对高科技信息技术的运用则大大提高了教学的效果；教师心态平和、服务主动、乐于施教。这一切都使我们获益良多。

作为这次培训学习的合作方 UCOL，给予了我们这批远方的学员百分百的支持和帮助，从学院董事长到国际部主任，从高级导师到骨干教师，在短短的培训期内，一共有 20 多位教师参与了我们的教学教研、参观交流及生活安排，让我们在异国他乡感受到浓浓的友情。

UCOL教与学的培训启示

吴显强

2014年2月23日至3月15日，本人有幸参加广州市技工教育师资培训班，远赴新西兰北帕墨斯顿的国立联合理工学院（Universal College of Learning，UCOL）进行学习培训。此次培训学习的内容涉及新西兰教育体系及其职业教育教学方法、多媒体技术的应用、教学专业场地情况等内容，3周的培训学习使我能够深入了解新西兰职业教育的理念和教学方法，感触良多。

一、随处可以发现“以学生为中心”的理念

1. 构建以“学生为中心”的学习环境，环境育人

（1）基本情况。进入UCOL校园，展现在眼前的是摆放在走廊边、角落里的座椅，可以上网学习的电脑、打印机等，相对独立的空间且备有多媒体设备、白板等演示装置的讨论区，还有分布在校园一楼最便利位置的学生服务中心和图书室。学生们利用这些设备和装置，可以很方便、快捷地自主学习，同时也可以找几个同学或者教师坐在一起进行讨论、研究。所有的空间设置得恰到好处，保留足够通道的同时充分利用空间，所有这一切都以方便学生学习为目的。

（2）启示。在创建学生自主学习空间上，我们常常会担心遭到学生破坏而严加管理，我们不敢随时开放电脑室和实训中心，使学生自主学习的空间受到很大的限制。事实上，我们学校就已经把电脑放在楼道里让学生查找资料，然而并没有被破坏。或许我们可以尝试信任学生，打造像UCOL那样的学习环境，创造条件让学生主动学习，真正做到环境育人。

2. 构建“以学生为中心”的学习资源，促进学生自我成长

（1）基本情况。在UCOL，使用了一种叫Moodle的软件进行教

学，教师通过 Moodle 给学生布置任务，学生通过 Moodle 进行学习并递交作业。Moodle 是学习管理系统，它已成为深受世界各地教育工作者喜爱的一种为学生建立网上动态网站的工具。通过 Moodle 可以实现如下功能：

1）课程管理模块。主管教师可以全面控制课程的所有设置，包括管理其他教师的课程设置。

可以选择课程的格式为时间（周）、主题或社区讨论。

灵活的课程活动配置——论坛、测验、资源、投票、问卷调查、作业、聊天、专题讨论等。

课程自上次登录以来的变化可以显示在课程主页上——便于成员了解当前动态。

全面的用户日志和跟踪——在同一页面内统计每个学生的活动，显示图形报告，包括每个模块的细节（最后访问时间、阅读次数等），还有参与的讨论等，汇编为每个学生的详细的“故事”。

2）作业模块。可以指定作业的截止日期和最高分。

学生可以上传作业（文件格式不限）到服务器——上传时间也被记录。

也可以允许迟交作业，但教师可以清晰地看到迟交了多久。

可以在一个页面、一个表单内为整个班级的每份作业评分（打分和评价）。

教师的反馈会显示在每个学生的作业页面，并且由电子邮件通知。

教师可以选择打分后是否可以重新提交作业，以便决定是否重新打分。

3）聊天模块。支持平滑的、同步的文本交互。

聊天窗口里包含个人图片。

支持 URL、表情、嵌入 HTML 和图片等。

所有的谈话都记录下来供日后查看，并且也可以允许学生查看。

4）投票模块。有点像选举投票，可以用来为某件事表决，或从每名学生那里得到反馈（例如支持率调查）。

教师可以在直观的表格里看到谁选择了什么。

可以选择是否允许学生看到更新的结果图。

5）论坛模块。有多种类型的论坛供选择，例如教师专用、课程新闻、全面开放和每个用户的特定话题等。

每个人都可以订阅指定论坛，这样帖子会以电子邮件的方式发送。教师也可以强制每人订阅。

6）测验模块。教师可以定义题库，在不同的测验里反复使用。

题目可以分门别类地保存，易于使用，并且可以“公布”这些分类，供同一网站的其他课程使用。题目自动评分，如果题目更改，可以重新评分。可以为测验指定开放时间，根据教师的设置，测验可以被尝试多次，并能显示反馈和（或）正确答案。题目和答案可以乱序（随机）显示，以减少作弊。题目可以包含 HTML 和图片，可以从外部文本文件导入。如果愿意，可以分多次完成试答，每次的结果被自动累积。

题目支持一个或多个答案，包括填空题（词或短语）、判断题、匹配题、随机题、计算题（带数值允许范围）、嵌入答案题（完形填空风格）等，在题目描述中填写答案 、嵌入图片和文字描述。

在 Moodle 中设计的各类题目可以备份并导出，可以在任何支持国际标准的学习管理系统中导入。

7）资源模块。支持显示任何电子文档（如 Word、Powerpoint、Flash、视频和声音等），可以上传文件并在服务器进行管理，或者使用 Web 表单动态建立（文本或 HTML）。可以连接到 Web 上的外部资源，也可以无缝地将其包含到课程界面里。可以用链接将数据传递给外部的 Web 应用。

8）问卷调查模块。内置的问卷调查（COLLES、ATTLS）作为分析在线课程的工具已经被证明有效。

随时可以查看在线问卷的报告，包括很多图形。数据可以以 Excel 电子表格或 CSV 文本文件的格式下载。问卷界面有防止未完成的调查的功能，及时显示学生的回答和班级的平均情况比较，作为反馈提供给学生。

9）互动评价。学生可以对教师给定的范例作品文档进行公平的评价，教师对学生的评价进行管理并打分。

支持各种可用的评分级别，教师可以提供示例文档供学生练习打分，有很多非常灵活的选项。

（2）启示。Moodle是一种教学管理软件，现在广州市人力资源和社会保障局正在进行信息化建设，建议将其加入学习资源的建设，尽快建立资源共享的相关制度，实现资源共享。通过建立这样的系统，让学生在学习之前明确学习任务和目标，构建学生自主学习的环境，这样培养学生自主学习、独立思考和自主创新的能力就有了基础。

3. 构建平等的师生关系，让师生在信任中教学

（1）基本情况。在UCOL，学生与教师是完全平等的关系，师生共同学习和成长。在第一次课堂上，教师和学生首先进行自我介绍，内容包括家庭、兴趣爱好等，彼此相互信任、尊重。正因为如此，教师在授课时，学生可以随时提出问题，没有责备和嘲笑，只有尊重和鼓励，教师也更加有针对性地辅导学生。在教师心中的目标是让学生“会”，可以争论、可以质疑、可以有多种答案，这样一来，学习就是一个探索和创造的过程，自然也会变得轻松而有趣。

（2）启示。在国内，师生关系往往还是“上下级”关系，我们有时会担心如果与学生平等了，就控制不了学生了。其实我们换一种方式“控制学生”——就是要让学生亲近你、信任你、崇拜你，把控制的“绳索”系在学生的心里。

二、快乐地教书，言行育人

1. 以兴趣选择教育职业，建立快乐的源泉

（1）基本情况。UCOL的教师每时每刻都充满着笑容，可以看得

出他们都很幸福。“难道他们就没有困惑？”我们就这个问题与他们的教师进行交流，得到的回答是：“自己选择的教育职业，为什么要不快乐或不幸福？”在新西兰，职业之间的待遇差距并不悬殊，所以选择工作的依据并不是薪酬待遇，更主要是兴趣爱好。所以，UCOL 的教师都把自己的职业当作事业来耕耘，或许这就是他们脸上充满幸福快乐的源泉吧。

（2）启示。选择了职业教育，我们就要将其当成自己的事业，如此，就会迸发出无尽的热情与活力，自己的潜能也会得到最大限度的发挥。这样一来，工作就不是一种苦差事，而是一种快乐了！

2. 构建宽松自主的教学环境，让教学的快乐尽情发挥

（1）基本情况。在 UCOL 授课，教师是宽松自由的，没有太多的检查和约束，不会受到如班级学生管理、上课纪律的约束。专业教师的唯一目的就是把知识传递给学生，让学生创造性地学习。教师在课程标准的范围内，有权调整上课的内容和时间，教学的进度可以根据学生对知识的掌握程度进行调节，学生的作业大部分是开放性题目，没有标准答案，作业的成绩并不是衡量授课效果的依据，教师授课的效果最终由学生和用人单位进行评定。

（2）启示。教育是关系人的工作，能否做好与人的心情和状态有关。试想，一位教师在高度紧张的情况下，能上出精彩的课吗？我们是否需要为了少数“不遵守规定”的个案而设置太多的检查和约束？或许我们可以看效果，过程不用过细，学校产出的毕竟不是“产品”！

3. 建立学校体质监测中心，保证教师健康，让快乐教书持续

（1）基本情况。教师要持续快乐从教，拥有健康的体魄是基础。在 UCOL，学校设有教师体质监测中心，方便检测教师的体质，教师任何时候可以得到专业体质检测指标，获得专门的身体锻炼方案，然后在课余时间按照方案进行身体锻炼，确保身体的健康。

（2）启示。教师的良好素质是提高教学质量的关键，而教师的身

心健康是基础，没有良好的身体保障，教师不可能全心投入到教学工作中。只有学校创造条件保证教师身心健康，才能保证教学的质量，才能让教师快乐、让学生幸福。

三、长效地帮助教师成才

1. 一年的师资培训是成为学校教师的必要条件

入职 UCOL 的教师要经过长达一年的教育教学理论和实践知识的培训。首先是教学的基本理论培训，其次是参加教学实践，包括做辅教跟班上课和自己独立上课，其他教师听课、指出不足、再改进不足，循环多次才能达到合格教师的水平。

2. 建立有层次的导师机制，有针对性地辅助教师成长

（1）基本情况。这里的导师不仅仅针对新教师，而是针对所有教师，由高一级指导低一级，主要目的是帮助教师成长，另外是针对教学水平相对薄弱的教师进行辅导。这些辅导是有针对性的，主要是哪方面弱就指导哪方面，指导是友善的，辅导教师要特别注意呵护被辅导教师的自尊心。

（2）启示。入职培训和导师制度，我们每个学校都有，但效果并不令人满意。这里因为：一方面入职培训也就一两天甚至半天，时间之短暂没办法保证效果；另一方面导师也多数流于形式，因为都很忙。或许我们可以做出一些改变，如给予指导教师和新教师充分的时间，踏踏实实地提高教师的能力和水平。

四、注重教学研究，提高教学水平

1. 教学研究主要针对教学，注重实用性

在 UCOL，参加教学研究的人员都是经验相对丰富的教师，在研

究课题时主要选择与教学密切相关的内容，研究的成果由多个学校和行业组成的评审小组进行评定。评审的主要指标是研究的实用效果，如评定教学研究有多少能够用在教学上，对教学质量的促进有多大用处等。

2. 教学研究的高额奖励只用于教学研究

（1）基本情况。在 UCOL，教学研究设有多个类别奖项，奖项奖金平均可达 50 000 新元，接近教师 1 年的薪酬，奖金按照各奖项的获奖人数多少平均分配，奖金只能用于教学研究等相关支出，从而进一步促进了教学研究的发展。

（2）启示。教学研究要针对教学，并且运用于教学，注重实用性。在职业教育中，能够同时满足这两个条件的研究还不多，我们有时注重形式比注重效果要多，这或许正是我们需要改变的。

在 UCOL，我们学习到太多的与国内不一样情况，因国情不同，学生本身也有差别，但借鉴有时是可行的。虽然“教无定法”，但还是有规律可循的。“教育是无止境的，教育应该是超越教育的本身”，只要我们坚持一点一滴去尝试创新，扎实做好每一项工作，相信一定会实现我们创建国家一流乃至世界一流的职业教育梦想！

以学生为中心培养实用型技术人才
——赴新西兰学习考察心得

郭军平

2014 年 2 月 23 日至 3 月 14 日，我们广州市职业教育骨干教师一行 14 人赴新西兰国立联合理工学院（Universal College Of Learning，UCOL）学习培训。在 3 个星期的时间里，我们通过听课研讨、交流互动、访问考察、讨论总结等多种形式，对新西兰的职业教育有了较为深入的认识和了解。无论是新西兰现代职业教育的先进理念、方法和手段，还是新西兰的人文环境都给我们留下了深刻的印象，让我们得到不少启发，也引发了我们对国内职业教育发展尤其是学员各自所在学校今后发展的理性分析和思考。学习培训时间虽然短暂，但我们均学有所获，学习培训的成果是丰硕的。同时，在职业教育培训交流过程中，培训班不仅达到了向新西兰学习的目的，也起到了宣传我国、宣传广东、宣传各自学校的作用，为促进新西兰与广东省职业教育的国际交流与合作起到了积极的作用。

入学合影

入学仪式

碰鼻仪式

总览新西兰的职业教育，总体印象是充满了人文关怀，处处洋溢着“以学生为中心”的理念，关注个人的成长幸福，为社会培养实用型技术人才。

一、UCOL 简介

UCOL 创建于 1907 年，是新西兰一所有着百年历史的名校，也是新西兰 21 所由政府出资的公立理工学院之一，并在这 21 所理工学院中名列前四位，拥有在北帕墨斯顿（主校区）、旺格努伊、马斯特顿和乐纹共四个校区。UCOL 将职业教育和大学学历教育有机地结合，从初级职业资格证书到学士学位直至研究生学位，拥有 10 000 多名来自不同国家和地区的学生。UCOL 目前为止开设有艺术（ARTS）、音乐（MUSIC）、时装（FASHION）、摄影（PHOTOGRAPHY）、科学（SCIENCE）、汽车（AUTOMOTIVE)、电气（ELECTRICAL）、机械工程（MECHANICAL ENGINEERING）、商贸（BUSINESS）、计算机（COMUPUTING）等 30 多个专业，专业几乎涉及了社会的方方面面，为来自世界各地的学生、毕业生和成人以及想要开创、发展或改变自己职业生涯的人士提供了世界级的教育机会。

走入 UCOL，让我感受最深的是学校在教育的各个环节的设置，处处都以学生为中心，突出学生能力的培养。学院所有专业都没有年龄、身份和性别等方面的限制，为每个想要学习技能的人提供“贴心服务”——从引导学生根据兴趣、爱好报读专业，到为学生整个学习过程提供支持，再到毕业时引导学生就业，甚至是学生的日常生活安排，处处都为学生着想。教学采用小班教学，每班20人左右，根据学生的特点设置教学方法，真正实现了因材施教，确保良好的教学效果。办学实践中，UCOL秉承为学生提供优秀的专业教育和应用技术教育的传统，所开设课程紧扣市场需求，注重应用技术而非纯理论的研究开发，教学注重培养实用型人才，高素质的教学质量得到不少国家教育政府主管部门的认可，培养的毕业生也深受各国雇主的好评。

参观实训室前的安全措施准备

在这里，首先提一下让我印象尤为深刻的UCOL的新生入学仪式和毕业典礼。在新生入学仪式上，广州班的学生都穿得很正式（西装加领带），而UCOL的新生们却穿得很随意。仪式简单而不失庄重，偌大的一个学生大厅，没有麦克风和发言稿，会场鸦雀无声，主持人、校长的讲话都能听得很清楚。合唱校歌时，奏乐的乐器只有一个吉他。仪式最后，所有学生都依次同校长和教师们进行“碰鼻仪式”。“碰鼻仪式”传承了毛利文化，让每位新生都有宾至如归的感觉。毛利人是新西兰的原居民，新西兰日常生活中都融入了浓厚的毛利文化。具有浓郁民族特色的“碰鼻仪式”让初入校园的新生尤其是我们这些来自异国的新生同 UCOL 的教师有了“亲密”接触，亲身感受到新西兰将传统文化融于自己的教育中，让我们更铭记、崇敬其传统文化，认同学校这个新“家”。

学习的最后一周，我们有幸观看了 UCOL 的毕业典礼。参加典礼的毕业生一律身着学士服，让我们惊讶的是学生年龄跨度很大，有不少都是妈妈、爸爸级，甚至爷爷、奶奶级。典礼上，毕业生们身着学士服，在衣着传统礼服的乐队演奏的传统音乐声中围绕学校游行一周，然后放飞各自手中的气球，每个人脸上都洋溢着幸福的笑容。简朴而又隆重的仪式让我们也深受感染。

反思国内职业教育，目前国内少数学校的开学典礼仍然缺乏人文特色的活动，让学生很难一下融入学校的校园文化，也很难建立对学校的归属感。而毕业典礼一般在国内高校虽然很隆重，可是在职业学校尤其是很多中职学校都没有得到重视，由于学生第三年（第五年）顶岗实习不在校内，大部分学校没有组织任何形式的毕业典礼，学生回校可能拿了毕业证即奔赴就业单位，这样匆匆离校的学生很难体会到学有所成的幸福感，也很难产生对学校和教师的感恩留恋之情。

二、学习基本情况

此次培训的时间安排紧凑，内容充实，每天 9：00—16:00 为学习时间，12:00—13:00 为午餐及午休时间。给我们培训的是学院专门的师资培训机构，该机构不仅对国际教师进行培训，同时承担自己学校的师资培训，包括对年轻教师的岗前培训以及对担任辅导新教师的导师的培训（他们认为，有经验的教师并不一定能当好新教师的导师）。他们还承担对教师的考核、研究并向教师传输新教学方法等工作。因此，在培训班我们不仅学习了新西兰的教学理念，了解了 UCOL 的办学特色、人才培养方法等，还学习了教师的教学方法。

分组教学

UCOL 特意为我们这批特殊的国际生设计了专门的授课计划，每天都有不同的主题，培训内容丰富，包括新西兰的教育体制，新西兰职业教育和学历评估体系，理工学院学生成绩测试与评价，新西兰教育经费的投入情况，教学策略和实践，教学方法论，学生就业支持，在教学中如何创新，教学质量控制体系，学生实践项目案例，UCOL 教师聘用、管理及能力提升，新西兰教育的国际化，NZQA 与 UCOL 的关系，职业教育与学历教育之间的衔接，中国与新西兰学历比较等内容，涉及新西兰职业教育的方方面面。培训期间，我们还实地考察了多个 UCOL 各专业的教学和实训环境等，参观了 UCOL 的两个校区（北帕墨斯顿主校区和旺格努伊校区）。

整个学习过程紧张而充实，培训采用分组教学，每位学员都专心听课、积极思考、认真记笔记、踊跃发言，讨论有时甚至会邀请培训教师参与，他们也想了解我国的职业教育情况，看是否有值得他们借鉴之处。培训过程中，教师最喜欢由学员提问，我们也不失时机地提了许多感兴趣的问题，教师一一为我们作出了详尽的解答。参观时，我们细致观察、认真拍摄、用心听取介绍、不时提问；讨论时，人人争相发言，或交流心得、或谈反思、或分析引证、或存疑求解。让我们感动的是，由于午休时间短，我们要克服午休的习惯，培训的教师也通过游戏、随机讨论、做操等方式防止我们打瞌睡。总之，3 周时间的学习忙碌而充实，大家自觉遵守纪律、克服各种困难，圆满完成了学习培训任务。

三、UCOL 实训教学的启发

本次教育教学培训，让我们近距离地接触了 UCOL 职业教育的模式，亲身体验了学校“以学生为中心”的职业教育理念，对新西兰教育尤其是职业教育的现代化可持续发展有了全面的了解和深刻认识。同时，也发现我国的职业教育与新西兰相比在很多地方仍存在着差距。下面以 UCOL 与国内职业教育机械专业在实训教学中的场地布置、师资、课程设置等方面的不同为例，谈谈个人所受的启发和看法。

1. 强调“以学生为中心”，关注学生的兴趣和职业发展

在 UCOL，强调“以学生为中心”，不管是课程设置、实训实习场地布置，还是教学方法的选择，都关注学生的学习兴趣和职业发展，通过训练和考核使学生养成良好的职业行为习惯，能主动关注所在行业的当前状况和发展趋势，具备一定专业技术创新意识。

教学研讨

“以学生为中心”首先体现在任课教师要通过与学生沟通，结合学生填写的反馈信息等方式，总体了解班级学生对该门课的掌握程度、学习能力等基本情况。教师根据学生总体情况制订教学计划，并且在教学过程中根据学生学习的反馈情况，及时调整教学进度、教学方法和教学手段。这样做是为了让全部学生都能达到该门课的教学目标，并最大限度地帮助每一个学生得到最大的提高。教学反馈的形式有很多，除了常用的课堂提问、调查问卷之外，让学生完成课程小论文、小作品都是很好的反馈方式。

在 UCOL，教学注重培养学生的能力，更多的是关注“后进生”，培养学生的兴趣、爱好。比如，引导学生完成在日常工作、生活中能用到的作品，这既是培养学生的兴趣爱好，也是培养学生的综合能力，同时也帮助学生建立自信心。

UCOL 学习环境的布置更是强调“以学生为中心”，注重高效、实用、够用，处处为学生自主学习提供便利。学校的实训环境、学习环境、图书馆、学生的网络支持教学平台的布置设计都很好地体现了这一点。例如，动漫设计实训室内都是苹果牌机器，学生凭自己的学生门卡，一天 24 小时随时可以进入实训室进行创作设计，这就保证了学生能随时根据灵感进行创作。

在 UCOL，很多专业教师都是拥有丰富企业实际工作经验的技能专家，或者是在技能类高等院校接受过系统训练的毕业生，他们不仅有丰富的理论知识，还有很强的动手能力。反观我们的教师，很多都是学校的应届毕业生，有企业工作经验的技能人才较少。

从考核和评价机制来看，UCOL 教师通常会给予学生不同的激励方式，采用鼓励性的评价，帮助学生建立自信心，在不断肯定自己的过程中达到完善自我、保持兴趣继续专业学习的目的。考核评估学生的学习情况主要看能否胜任实际工作，而不是单单采用考试能否通过，更注重平时的作业，包括小作业和大作业，其中大作业通常是对该门课程需要掌握知识的一种综合考核，比如写一份论文、完成一个工件的设计和制作等。也有正式的考试，但考试试卷需要经过严格的评审，内容和难度要照顾所有学生的水平，更多的是对综合能力的考虑。

2. UCOL 实训环境的布置体现对学生综合能力的培养

齐备的工具

很多人认为，职业教育发达的国家，职业学校的教育教学设施设备都很先进，其实不然。在 UCOL 我们发现，他们所拥有的教学设施设备，在我国已经很普及，甚至某些专业的实训设施设备，国内的职业院校还有一定的优势，例如数控、机械专业，我们部分职业院校使用的教学实训设施设备甚至比一般企业的还要先进。不同的是，UCOL 实训注重基本功的训练，实训室大多是综合性的，高档教学设施设备少，但是基本设施设备比我们的实训室更为齐全。例如 UCOL 的机械工程实训室的设施设备包括：普通车床、数控机床、压力机、热处理设备、刀具存放设备、材料存放设备、材料切割机、钳工台、压板机、拉刀机器、焊接机等。由于设施设备齐备，学生们小的课程作品或者大的毕业课程作品都可以在实训区完成。在 UCOL 实训场，所有的设备摆放规范、整齐，这本身就是一种职业环境教育。我们国内有一些学校的实训室不缺高端设备，但功能过于单一，例如机械实训室就分为普通机床实训室、数控机床实训室、钳工实训室、焊工实训室等，宽敞的实训室内往往整齐地排列着很多台大的机床和工具，而一些平时使用较少但在教学中必不可少的工具并没有摆放在实训场，在这样的教学环境下，学生学到的技能是片面的、割裂的。但在现实岗位中，经常遇到的是复杂的、综合性的技能问题，学生凭借单一的技能往往解决不了，这也是企业为何抱怨我们培养的学生综合能力不强的一个原因。

机械加工实训室一角

UCOL 打造功能完善的校内实训基地，积极营造具有专业特色的文化氛围，以此潜移默化地引导和熏陶学生，稳固他们的专业思想、激发学习兴趣。这一点我们在实训室的布置中也有所考虑，但比我们更有效的地方在于，UCOL 的实训教学营造出真实的工作环境，将“工厂”建到学校，使学生在大量实践的过程中学习，充分激发学生学习的兴趣和热情，学生在校内就可以进行真实产品的加工或开展技术革新和技术改造项目。UCOL 实训基地所提供的真实职业环境，有利于开展综合技能训练，培养学生解决实际问题的能力，形成良好的职业素养，这些都值得国内的职业教育反思和学习。

3. UCOL 实训注重实效的教学方法，着重培养学生的实践能力

UCOL 实训注重实效，首先体现在通过各种方式拉近教师与学生的距离，目的是让学生更愿意上你这门课，类似于中国的“亲其师，信其道”。例如，教师会在第一堂课时介绍自己的个人情况，不单是联系方式，甚至是家庭情况、个人的喜好等都会告知学生。

学生课后休息、资料查询区

实训教学中，除了在环境布置上做到尽量与实际生产相一致外，更主要的是注重实效的教学方法，着重培养学生的实践能力。教学过程中，教师讲得少，要求学生自学、讨论多，对其引导多；完成作业的时间多；机械理论学习得少，动手实践多，理论的学习是为动手实践做基础。在教学活动中，教师们更多地关注个体学习，注重随时运用不同形式的检测手段，了解学生的学习情况，并根据学生的学习情况自主灵活地掌握教学的节奏，采取有效的调控手段因材施教。

在 UCOL，实训课程占专业课程的 60% 以上，所有专业课程都紧密联系生产和社会，在技能课上，木工、电工、烹饪都是真刀实枪地操作，课堂即是车间，操作工具应有尽有，作品并不追求精细，但全是生产生活中的实物。实训中为了体现职业环境和工作岗位的实际要求，往往以综合运用各项技能解决实际问题的综合训练为主。

在机械专业教学目标的设置上，UCOL 的学生是以制造实践作品为主，更强调多种加工的工艺方法的教学，引导学生自主思考、创造、制作出实用的成品。具体表现为每一阶段有个实际作品要制作，最后课程结束时要有一个自己创作加工的实用产品，并且做出来的产品还可以出售，学校只收回成本费，多出的部分捐给基金会。学生在这个

木工、电气专业学生毕业作品（木屋）

机械专业学生作品

过程中自然会主动学习各类设备、工具的使用方法，反思自己的学习能力。

因此我们发现，UCOL 的机械、木工专业的一年级学生的作品工艺水平已经达到了我们毕业生的水平，其他很多专业也都有类似现象，这些都很好地体现了 UCOL 对学生实践能力的培养。反观国内大部分学校的实操教学，过于注重理论教学，实操训练以单一技能训练为主，教师的教学方法比较单一，很多仍沿用高考灌输式教学，使学生主动思考的机会太少、动手训练的时间太少，学习的兴趣没有被激发出来，培养出来的学生的综合能力普遍不是很强。

4. UCOL 实训以严格管理为保障，注重安全规范教育

UCOL 实训以严格管理为保障，注重实训基地的制度建设和操作流程，包括与实训基地相关的工作场景、工作流程、工作标准、人员配置等生产管理体制，以及安全操作规程、组织机构及其管理制度和管理方法，还包括了质量管理标准、道德规范和行为准则等。严格完善的管理规定，确保了实训基地的规范管理。教学中，UCOL 特别强调安全教育、操作规范，尤其是特殊专业，从工作装备的穿戴、工具的使用都有严格规定，安全教育贯穿于整个实训教育过程，为实训的顺利完成提供坚实保障。

此次 UCOL 的培训学习开阔了我的职业教育视野，使我充分认识

到我们同新西兰职业教育在某些方面还存在一定的差距。这其中，自然有国情的不同，也有教育理念的不同。但我们也应该庆幸，近年来，随着国家对职业教育越来越重视，职业教育也慢慢得到社会的认可，职业教育的发展迎来了新的春天。2014 年 3 月 22 日，教育部有关负责人在中国发展高峰论坛上表示，我国将出台方案，实现两类人才、两种高考模式：第一种高考模式是技能型人才的高考，考试内容为技能加文化知识；第二种高考模式就是普通教育的高考，是培养学术型人才的高考。技能型人才的高考和学术型人才的高考分开。此举将实现把职业教育作为一种人才培养的类型并且是主要的类型，建立系统化的人才培养制度，打破原来职业教育“断头路、终结性”的格局，构建从中职、专科、本科到专业学位研究生各个层次的技能人才培养体系，推进职业教育体系内部有机衔接、职业教育与普通教育双向沟通，以及职业教育和继续教育的统筹发展。

广州市的职业教育走在全国前列，我们更应该积极吸收和借鉴新西兰等发达国家的职业教育理念，以及他们在人才培养模式、教学模式、教学方法、实习实训等方面的先进经验，辩证地把它们应用到今后的教学中，促进我国职业教育的快速发展。

UCOL“以学生为中心”的教学管理方式带来的启示

高芬

2014年2月23日至3月14日，我有幸参与了广州市人力资源和社会保障局组织的新西兰职业教育学习培训班，我们在新西兰北帕墨斯顿的国立联合理工学院（Universal College of Learning，UCOL）进行了为期21天的学习。这21天的学习使我对新西兰的职业教育有了一个较为全面的认识，同时也真切地感受到了中西方在教育学生方面的差异所在。通过学习和体验，我发现UCOL许多的教育理念、教学方法以及教学手段并不比我们现在所学所用要先进，但是为什么他们的职业教育水平就能够得到国际的认可呢？仅仅是因为他们的职业教育发展得比我们早吗？我想这是值得我们认真思考的。

在学习考察的过程中，UCOL非常注重让我们去感受和体验他们真实的做法。在不断产生的新感受中，UCOL“以学生为中心”的教育教学管理方式给我带来的感受是最为深刻的。

一、UCOL的概况

UCOL创建于1907年，2002年年初，作为UCOL前身的国立玛纳瓦吐理工学院（Manawatu Polytechnic）与旺格努伊理工学院（Wanganui Polytechnic）合并，使UCOL在新西兰21所理工学院中跃居前四位。目前UCOL在新西兰北岛有4个校区，分别是北帕墨斯顿校区、旺格努伊校区、马斯特顿校区和乐纹校区。目前有学生10 000余名，学院教职员工500余位。学院有来自40余个国家的国际学生近400名，其中中国学生50余名。UCOL为学生提供优秀的专业教育和应用技术教育，所开设课程紧扣市场需求。学院提供最新和最高级的教学设备设施，计算机等设备设施全天24小时、每周7天对学生开放，最大限度保证学生学习。

UCOL北帕校区

二、UCOL“以学生为中心”的教育教学管理方式

在 UCOL 开始学习的第一天，UCOL 的教师就告诉我们，他们的目标是将 UCOL 的学生培养成为能够解决问题的人，一个既懂技术又懂沟通的人。为了培养出符合社会需求的优秀人才，UCOL 为学生提供了良好的学习、生活以及环境等全方位的支持。

学校教师为我们介绍教学情况

1. “以学生为中心”建立全方位的学习支持

（1）重视学生的个性发展，帮助学生自己选择专业和规划人生。进入 UCOL 学习的学生主要是为了能够学到一技之长，从而在社会上能够谋得一席之地。为了帮助学生选择更适合自己的专业并且为学生提供更好的服务，UCOL 采用了学生信息管理系统。通过这个系统，负责此项工作的教师会在学生选择专业之前对其进行初步的评估。根据评估得出的信息，教师会对学生选择专业给予指导建议，避免学生进行盲目的选择，如指导学生对知识背景、进入 UCOL 学习的目标以及学生成功的可能性等项目进行选择。在学生确定专业之后，教师会帮助学生办理入学手续，此时，各系会分别对学生进行再次评估，根据再次评估的结果，结合学生的背景、经历决定给予学生何种支持计划。

“以学生为中心”的教学环境

UCOL 的这一做法看起来好像很麻烦，而且有可能会让学生放弃选择 UCOL，但正是这种安排，体现了 UCOL 对学生的责任感，他们用这种方法使学生在真正进入课堂学习之前对自己的选择有了一个较为明晰的方向。虽然在学习的过程中，通过逐渐深入地了解之后，有的学生会选择转专业或者放弃学习，但这种情况还是少数，大部分学生会坚持完成自己的学业，因为这是他们自己的选择。

（2）建立完善的学习平台，满足学生的多元化需求。在 UCOL，学生必须要有自觉学习的习惯。课堂不再是以教师的讲述为主，UCOL 有专门的学习管理系统，学生可以在学习管理系统中找到自己所学专业的所有课程的情况，包括课程的大纲、学习的目标、考核的方式，甚至是每天上课需要准备的事项。通过这个系统，学生可以提前为自己所学的课程以及必须面临的考核做好准备。

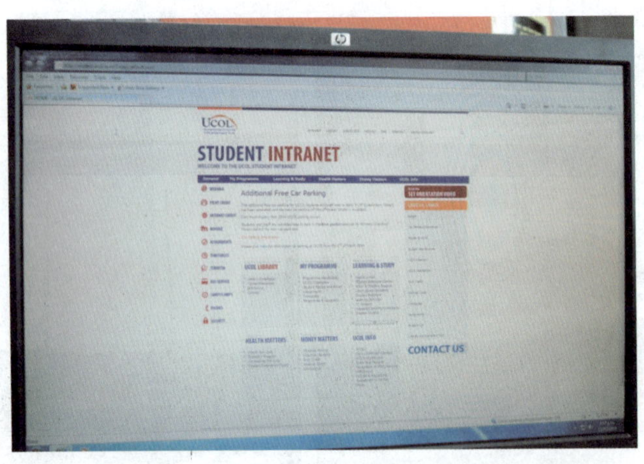

UCOL的学习平台

（3）运用灵活多变的教学方式，营造轻松的学习氛围。在 UCOL，教师们随和的笑容、幽默的话语让课堂不再是充满了压力的地方。在课堂上的教师与学生像朋友般相处，教师不会告诉学生“你不该做什么”，而是引导学生通过自己的学习，通过同学或教师的质疑、提问以及相互之间的讨论去寻找答案、解决问题。UCOL 的教师鼓励学生在课堂上积极提问，对学生的回答从来不会简单地以“对或错”来衡量。

学生在不断地质疑、讨论中依靠自己的力量解决问题，他们在这个过程中得到的满足感是相当高的。

UCOL 不仅鼓励学生广泛参与、独立思考和创新思维，对于教师也有同样的要求。UCOL 的教师们为了更好地提升学生的学习兴趣以及学习效率，不断地创新自己的教学方式，他们利用多种教学手段如手机、网络、IPAD 等。现在 UCOL 的教师正在尝试使用一种颠覆性的教学方式，即“The Flipped Classroom”。这种教学方式是要求教师将教学内容制作成视频放在网络平台上供学生晚上在家中进行自学，白天的课堂则是教师为学生答疑以及进行讨论或实践的时间。这种教学方式扭转了传统教学的困境，教师与学生接触的时间多了，学生思考的时间也充分了，学生的学习从被动转为了主动。经过一个学期的试行，学生的学习兴趣以及效率都有了很大的提升。

UCOL 的教师还会创建交流平台（如手机 App）与学生进行交流，了解学生学习的进度以及对知识的掌握程度。

学校教师为我们介绍教学情况

（4）建立学术指导团队，提升学生的学术水平。在 UCOL，论文写作是学生完成考核的一种重要方式，高年级的课程基本上就是通过论文写作来完成对学生考核的。但是很多学生特别是国际生在论文写作的过程中会碰到许多关于书面语法等问题，为此，UCOL 专门成立了一个相关的学术团队协助学生解决此类问题。

多媒体课堂

2. 深化“以学生为中心”的教育服务理念，建立学生生活支持中心，健全学生的身心健康

作为一所国际性学府，UCOL 为在校的学生特别是国际留学生提供了“Student support（学生支持）”服务。在“学生支持”服务中，UCOL 安排了一个强大的团队为学生提供学习、健康、图书馆以及残障等方面的服务。另外 UCOL 还拥有 3 名全职外国学生咨询顾问，他们负责在精神上、社会上和学术上满足外国学生的各种需求。学校的外国学生俱乐部为学生安排特别聚会活动，使外国学生之间、与本地学生、与教职员工之间有机会互相了解和结交成为朋友。

课堂一角

3. 处处“以学生为中心”，运用人性化设计创造良好的环境氛围

（1）个性独特的专业环境。UCOL 的北帕校区是由一个主体建筑群及周边散布的各类专业的教学中心共同组成，它们整体风格在保持一致的同时，又会张扬自己的个性。如艺术中心走廊上的平面作品展示、夸张乃至有些荒诞的涂鸦墙；复健中心前台温馨的花束、安宁的氛围等。这些具有鲜明专业特色的环境令人如同置身于真实的工作环境中，仿佛自己也成为了一名艺术家或复健医师。

（2）安全舒适的教学环境。教室是学生在校学习的主要场所，在大家眼中，学校的教室都是大同小异没有什么特别的地方，但在 UCOL，教室不仅仅是用于学习，更是师生沟通交流的地方，因此他们的教室更多的是体现信息的流动性。这一点主要体现在教室的墙面布置上，除了用于安装门窗以及书写投影白板之外，其他地方都贴上了蓝色的墙纸，在这些墙纸上教师可以贴上鼓励及引导学生思考的标语，学生可以贴上自己的作业或小组讨论的成果。师生之间的交流由此更加紧密，布置的人性化亦由此体现出来。教室中另一个人性化体现在可移动桌椅的设置，师生可根据教学情况的需要随时进行位置的调整，以更好地帮助学生与学生、教师与学生进行学习沟通。UCOL 还特意定制了一体化桌椅，这种桌椅带有滑轮，可单用也可组合使用，椅子下方还增设了置物空间，很好地解决了学生放置书包的问题。

安全舒适的教学环境

4. 贴心的自学空间

贴心的自学空间

UCOL 的教学理念之一是培养学生的自学能力，为此，在主体教学楼一楼设置了两个自学区域，一个是开放式资料搜索区，另一个是既可封闭也可开放的小组讨论区。资料搜索区主要设置了 4 ~ 5 组电脑桌，只要输入 UCOL 学生的 ID 号和密码，学生便可上网学习及查阅资料。小组讨论区则是用移动屏风隔出 4 个小区域，每个区域可容纳 4 ~ 6 人，有的区域只配备了桌椅，有的配备了电视、音响，有的配备了投影仪，有的配备了电脑，学生可选择合适的空间开展学习讨论。

UCOL 作为一所拥有百年历史的学府，从 1907 年建校至今经历了分分合合的过程，它能够吸引世界各国的学子前来学习，除了它具备了国际性学府的特征之外，也因为它能为学生提供一个先进、友好、个性化和安全的学习环境。在 UCOL 学习也并不轻松，但它为师生营造的舒适、自由、安全以及便利的人性化学习环境，在无形中减轻了部分学业压力，教与学对师生来说都是一件值得努力去完成的任务。

第六章　日本和新加坡

日本动画产业管理及人才培养模式
——赴日本动漫考察报告

焦计划

受日本中日文化经济交流协会的邀请，广州市人力资源和社会保障局组织了“日本动画产业访日考察团”，于2009年5月17日至同年6月7日对日本进行了为期22天的动画产业参观考察。我有幸成为此次考察团中的一员，与来自广州动漫业界的精英、兄弟院校和政府部门的相关人员一起，先后访问了日本4个政府部门、7个动画企业及协会和2所动画类院校。经过这次参观考察，我对日本动画企业的营利模式、职业教育体系和当前的发展情况等有了较为清晰的了解和理性的认识。

一、日本动画产业的历史变迁

在我国，往往把漫画和动画混在一起，统称为“动漫”。但是在日本，漫画和动画分得很清楚，漫画是漫画，动画是动画。日本动画产业的发展可以追溯到20世纪20年代，当时日本电影工作者把西方最新发展的动画制作技术带到日本，并开始试制动画。虽然起步较早，但日本第一套大受欢迎的动画却在1963年才出现：漫画大师手冢治虫创作的漫画作品《铁臂阿童木》被改编成动画版本，于1964年元旦当日在富士电视台播放，这标志着日本动画产业的兴起。

20世纪60—70年代，日本的动画主要以电视播放为主，电视播放的收视率是评价作品的主要依据，动画制作公司的收入主要靠电视台的播放费用。动画片在电视台播放数次之后，作品的版权归制作公司所有。这一时期的动画片主要面向广大儿童，其代表作是《铁臂阿童木》。20 世纪 70 年代起，动画片的消费人群逐步向青年扩展，动画片市场得到进一步延伸。

20 世纪 80 年代中期起，日本的动画市场行为发生重大转变，所谓的“捆绑市场”开始出现。这一时期，电视台、代理商等对动画衍生产品的市场有了充分的认识，他们采取买断产权的行为，动画制作公司只能获得在电视台的播放费用，动画片的二次利用机会被电视台、代理商等剥夺，动画制作公司的利润空间被严重压缩。这一时期的代表作有《樱桃小丸子》等。

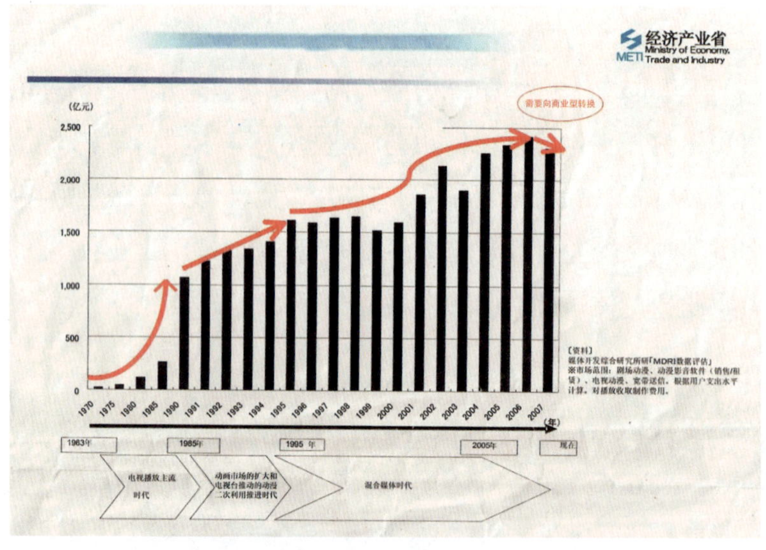

日本动画产业变迁

20 世纪 90 年代中期开始，日本动画作品的传播方式发生转变：录像带、VCD、DVD、网络等成为主要的传播方式；电视台主要在深夜播放动画片，为二次市场利用做宣传。这一时期，动画片及动画形象的利用和衍生产品的开发都需要大笔的资金支持，制作公司或者代理商都无法单独支付，制作委员会应运而生。制作委员会是一个临时性的组织，一般由制作公司在小范围内发起，由制作公司、电视台、广告代理商等组成，产权按出资规模分配。如东映这样实力强大的全制作公司参与制作委员会的情况很少，他们只在一些以衍生产品为目的的午夜节目制作中参与其中。这一时期的代表作品有《美少女战士》等。

二、日本动画产业的现状

据日本官方统计，日本现有动画制作公司约 550 个，其中 50 个全制作公司，主要集中在东京的练马区。日本动漫市场产值约 14 兆亿日元，动画占其中的 1.7%。从统计数据看：从 2006 年开始，日本动画市场出现拐点，开始萎缩。

出现这种变化的主要原因有以下几点：

（1）近几年来没有出现产生巨大影响力的动画作品。

（2）受网络等新兴媒体的影响，动画光盘销量急剧下降。

（3）受利益驱动，电视台对动画片的播放也明显减少，直接影响动画作品的产量。

（4）日本的出生率不断降低，人口的数量进入下降通道，到 2020 年青少年的人口将是 1980 年的一半，这直接导致动画消费群体的大幅降低。

（5）随着互联网的日益普及，人们很容易通过网络获取动画作品及其他娱乐方式，电视不再是唯一的选择。

受到动画市场萎缩的影响，日本很多的动画制作公司开始在海外寻求合作，如中国、韩国、菲律宾等；通过外包、建立海外制作机构等方式，将动画片制作的很多工作移至海外，以求降低制作成本，提高利润空间。

日本动画制作企业不仅面临市场的压力，同时也面临技术上的压力。目前，很多日本动画制作公司主要以二维动画为主，制作方法上基本保持传统手工绘制的方式，并没有采用 CG 和三维技术，制作成本高。同时期在一些新兴市场国家，如中国和韩国，制作上都是结合现代计算机图形图像和三维动画制作技术，在制作方法和手段上都超越了日本。

此外，日本动画制作公司在产品流通方面也面临困难。企业成为电视台的承包人角色，从电视台收取的费用越来越少；网上无授权的传播与盗版行为的泛滥，使实物的销量急剧减少，进一步压缩了制作企业的利润空间。

三、动画人才的培养

日本目前拥有 1 000 所大学和 3 万所左右专门学校（专门学校相当于国内的中专和技工学校），专门学校中 99% 的都是私立学校。专门学校的学制是 2 年，招收的基本都是高中应届毕业生。

学校是日本培养动画人才的主力军，特别是专门学校，但是日本的大学开设动画专业的不多。近年来，随着中国和韩国动画业的崛起，越来越多的中韩学生到日本学习动画制作技术，因此许多专门学校都开设了动画专业。在动画专业的课程中，素描、速写所占的比重最大，其次是 CG 技术和三维动画技术。在日本，动画产业主要靠作品的二次利用来获利，所以学校还开设了一些商业知识课程，对学生加强商业意识的培养。专门学校的师资构成也很有特色，例如我们参观的数码好莱坞大学，动画专业的教师 80% 都来自动画制作公司，他们都是利用自己的业余时间兼职教学。这些兼职教师基本都是企业的骨干力量，技术高超、实战经验丰富，由他们带出的学生在企业中能更快更好地适应自己的角色。学生通过两年的学习，最终获得专门学校毕业证，这是进入动画行业的“敲门砖”。

在专门学校毕业，只是意味着具有进入动画行业的基本资格。对动画人才实战技术的培养，主要是在动画制作企业，通过师傅带徒弟的方式完成。专门学校毕业后，学生会进入动画制作公司进行为期 3 个月的研修，研修期满，大概有 20% 的毕业生能够留在动画制作公司工作。在公司熟手师傅的帮助下，经过两年左右的学习，才能够独立参与动画片的制作工作。

四、资格认证与人才评价

目前，日本对动画人才并没有资格、技能等级等认证制度，他们对人才的评价只看作品的好坏，能创作出优秀作品的就是杰出人才，受到大家的尊敬。对动画作品的评价也没有统一的标准，只是凭个人的观感。

五、日本政府的动画产业政策

动画产业是日本经济的重要组成部分，是通过漫长的过程发展起来的，是纯粹市场的行为。长期以来，日本政府对动画产业都没有什么特殊的政策。只是近几年，受本国青少年人口减少等因素影响，动画产业出现拐点，开始走下坡路，日本政府才制定了一些政策和措施，来挽救动画产业的颓势。主要措施有：

（1）举办国际性动画作品展览，为日本动画企业开展合作走向国际创造机会，如每年一届的东京国际动漫展、福岗国际动画展等。

（2）降低办学准入门槛，鼓励开设更多的动画学校，为动画企业的持续发展储备人才。

（3）为动画行业协会提供资金支持，使其能够更好地为动画企业服务，如练马区为练马动画协会每年提供上千万日元的活动资金。

（4）很多的城市宣传、公共场所标志等采用动画形象，为动画制作公司提供产品二次利用收益。

（5）将动画作为产业和旅游观光项目推广。

（6）出台相关法规，将动画产业定位为文化产业，适用于日本的文化艺术基本振兴法，享受相关政策优惠。

（7）成立动画协会，进一步促进产业发展。

六、考察总结与体会

本次考察虽然只有短短的22天，但由于组织者的合理安排与全体团友的密切配合，圆满完成预定考察目标，主要体现在以下几个方面：

（1）本次参加考察的既有政府部门的代表，又有动漫制作企业和学校的代表，充分体现了政府发展动漫产业的决心，也为学校动漫专业的发展增强了信心。

（2）本次日本之行考察对象既有政府部门又有动画企业和动画学校，了解了他们的产业政策、企业运行状况和营利模式，以及人才培养方法，对我校动漫专业的建设和发展方向有了更清晰的认识，教研教改的目标更加明确。

（3）整个考察过程中，团友之间团结友爱、互相帮助，建立了深厚的友谊，为下一步的校企合作和学生实习就业打下了良好的基础。

通过本次考察，不仅开阔了视野，也增强了我们的信心，凭我们中国人的智慧和辛勤的耕耘，一定能培养出一流的动漫人才。

新加坡研修培训的收获与思考

雷治亮

2014年8月17日至30日，本人参加了广州市职业技术教研室组织的“市属技工院校专业带头人高级研修培训班”学习，本培训班主要是赴新加坡学习研究该国的职业教育，尤其是新加坡工艺学院、理工学院的职业教育理念、办学模式、教师培育模式等各个方面。这次培训班学习的形式多样，有听教授讲座、教学现场参观、课堂体验、开放日观摩等，使我们能全方位、多视角地对新加坡的职业教育有了较详细的认识，在收获了大量信息的同时，也引起了我对广州市职业教育的有关问题的思考。

一、新加坡之行收获与体会

1. 深入了解新加坡教育体系

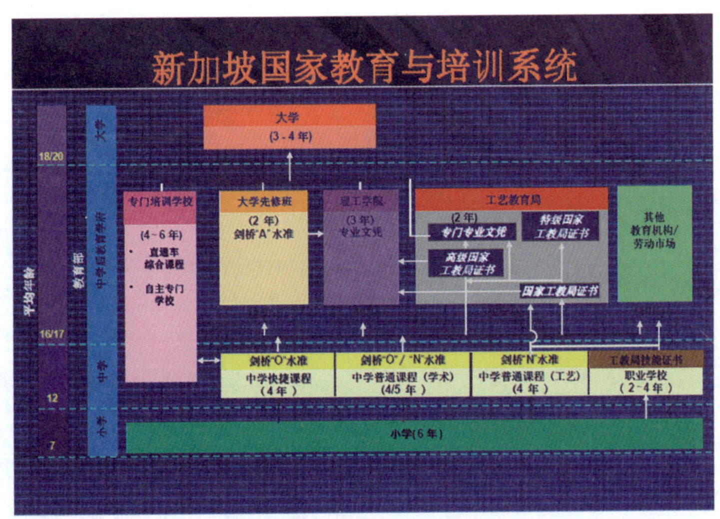

新加坡教育体系架构

在新加坡，从小学教育、中学教育、工艺教育、职业教育直至大学教育的整个过程中，通过小学会考、“O”水准，“N”水准考试、“A”水准考试，可以客观地确定每一位学生的发展方向。根据每一位学生的能力，让他接收不同层次的教育以做到因材施教，同时又为每位学生提供了多种深造渠道，使他们都可以通过自己的努力，接受更高层次的教育。所以，新加坡的教育制度有利于每个学生循序渐进地发展自己独特的天赋和兴趣。一般学生考核成绩达到“O”水准时，可直接进入2年的初级学院，然后再参加“A”水准考试后进入新加坡政府国立大学或理工学院。其中，国立大学学生约占25%，理工学院学生占40%左右。考试成绩为“N”水准的学生一般进入工艺教育学院，工艺教育学院每年大约有25%的应届毕业生经过考核直接进入理工学院学习。进入理工学院后，这部分学生在新加坡工艺教育学院部分课程的学分将得到认可，可以直接从二年级开始学习。在新加坡的中学后教育中，高职与中等教育允许多次跨越和层层提升，各层次和各类型教育的分流及相互间的转换，主要以证书考试或文凭课程学业成绩为依据，不另设专门的招生考试。学习成绩优秀的新加坡工艺教育学院学生可升入理工学院，理工学院的优秀毕业生可升入大学，这样就为不同天赋与潜力的学生提供多条可供选择的道路。因此，在工艺教育学院专门设有课程发展署、考试署等机构，并建立了考试系统。

2. 全面真实地了解新加坡的教育改革

新加坡教育模式被普遍认为是新加坡经济腾飞的“秘密武器”。新加坡是个自然资源缺乏的国家，因此政府一直把教育放在最重要的地位。新加坡人觉得人力资源是国家的第一大资源，因此全民都注重教育改革，特别是职业教育改革，它与我国的学校制职业教育改革主要的不同体现在以下几方面：

（1）制度上的改革。经过多年的发展与改革，新加坡的教育逐渐形成一套具有自己文化特征并适应新加坡国情的方针和制度。

1）重视非学术能力。2004 年起，新加坡教育部在部分学校实行直接招生制度（Direct School Admissions），并给予学校更大的招生自主权，学校在招生时考虑学生的特长和天赋，按各自的筛选标准招收一定比例的学生。

2）修改学校排名和奖励制度。新加坡所有学校都取消学校排名和以等级进行划分，同时也改变了奖励的制度。

3）实行“卓越学校计划”。扩大学校自主权，让学校发展有益于其专业教育强项，塑造各自的特色，注重各类学校全面发展，实施“卓越学校计划”。“卓越学校”不仅具有学术上的优秀表现，还提供了素质教育，培养创新型、会思考、爱学校的国民。

（2）课程上的改革：

1）给予分流制更多的灵活性。在 2005 年之前，分流是在小四课程之后进行，主要是安排学生进入他们适合的源流，即 20% 进入 EM1，70% 进入 EM2，10% 进入 EM3。

2005 年开始，EM1 和 EM2 课程合二为一；在中学方面，普通学术课程和普通工艺课程可以修读几门程度较高的科目，学校可让普通学术成绩优秀的学生免参加 GCEN 水平考试，直接升入中五。

2）改革初级学院课程。2006 年起实施“A”水准课程改革，新课程扩大了学习范围，让学生可以学习他们感兴趣但又不想专修的科目，或学习跟大学科目紧密相关的基础知识及技能的科目。改革后，学生必须修读更多科目，并且至少修读一个人文科目或一个数理科目，这就打破了原来“纯理科”或“纯文科”学生的界限。

3）实施综合课程和双文化课程。特定中学和初级学院实施此类课程，目的是让学生获得更多的知识，使课程结构更灵活。参加综合课程还能参加国际高中毕业会考，双文化课程从中三到高中，除了高级华文也可修读中国历史和中国哲学。

4）灵活的母语教学。华文课程在 2007 年起开始分段采用新的华文单元模式，所有学生都修读核心单元、导入单元与强化单元。有能力的学生还可修读深广单元来提高华文水平。

（3）教学上的改革：

1）减少课程内容。实施“少教多学”计划，在不影响学生为高等教育做好准备的前提下，裁减课程内容，让学生有更多时间学习核心知识及技能。

2）改革教学法。在教学方法上注重指导、理解和批判性思考的技能，要求教师在课堂上对学生加强批判性思维的培养和训练，避免“填鸭式”教学法。

3）改进评估方式。从2008年开始，进入大学的条件以初院的考试成绩和中学时的表现来评定，学校毕业证书列明学生在学术及非学术方面的表现，重视表现性评价。

4）促进教师的专业发展。政府采取多项措施提升教师的专业素质。

①增加教师数量。到2010年，中小学、初院及高级中学增加约3 000名教师。给予教师更多专业发展的时间，教师平均每周有2小时的时间用于进行教学设计与合作。

②给予教师更多专业指导。2006年和2008年分别为每所中学和初院各提供一名全职顾问；启动“兼职教师计划”（只做教学上的工作），吸引更多离职或退休教师返校任教务；启动“教育协作人员（助理教师，做些行政工作）计划”，吸引并留任有素质的教育协作员。

③加强教师培训。加强个性化课程，每位教师每年200新元的培训费，鼓励其参与与教学有关、对人的发展有关系的课程。

3. 深刻地体会新加坡的职业教育体制以及主要特点

（1）新加坡职业教育与培训系统。该系统主要定位是设立使学生学到一门技能，配合国家对职业人才发展的需求。对学生主要培养实践内容，毕业后八成学生直接就业，二成学生升读理工学院。学生学成后有提升的愿望，只要努力、奋斗，就有提升的机会。国家确保国民不会因家庭原因而失去学习的机会。

（2）新加坡教育体系的主要特点。它与国家经济的人力需求密切联系，注重双语政策，英语和母语并重，因材施教，最大限度地发挥个人的潜能，对学术程度不太高的学生，则配合他的能力来教导。分到不同的班次，鼓励学习，同时设置多种学习渠道，并允许从一个渠道升学（转学）到另一个渠道。

（3）新加坡职业与工艺教育的当前角色。这类教育以培养高素质的工艺和技能人才为目标，满足经济的人力需要和吸引外来投资，同时提供证书（NITEC 和高级 NITEC），并向学生灌输所需的价值观，以支持经济的持续增长。

4. 深深地体会新加坡的工艺教育局的“课程设计模式”

在新加坡，开发一门专业要确保能招收到学生至少维持 5 年，每年至少 80 名学生，因为经费很大。这与我国的学校制职业教育专业开发主要的不同体现在以下几个方面：

（1）招生前确认企业人力资源与培训需求。招生前会进行企业访问，能否给学生好的底薪，同时确定中学毕业生人数，学习能力也要考虑。若理工学院已有的专业，则不开设该专业，若需知识太高的也不适合开设该专业。另外，设置的专业要考虑是否有前途，有没有提升的空间，在工艺教育学院学习后，要能够与理工学院合作，要有升读的机会。因为技能要求的培训内容不是由课程专家决定，是根据企业的需求来确定的，因此要邀请企业专家拟定技能要求，确保专业课程与企业挂钩，学生学到的知识到了企业后可以立即用得上。

（2）具有特色的课程设计模式。工艺教育学院的课程设计模式在专业学科开发上，以经济发展的人力需求分析为导向；在课程内容上，以能力为本位，通过 DACM 方法开始课程设置；在课程结构上，采用灵活单元化结构；在课程实施上，以学生为中心，理论与实践相结合；在课程评价上，根据学生、教师、毕业生和企业雇主的意见，改进课程质量；在课程管理上，以灵活的学分制，促进学生的主动发展。

5. 全面真实地了解新加坡工艺教育学院的考试系统

（1）单元学分制培训系统。工艺教育学院的课程以基本知识能力单元为模块组织课程内容。学生所学的每个课程被划分为一系列的单元（也称为模块）；每个单元在一个学期内完成；每个单元有一定的学分，学分的多少是由学习所需的时间和所需付出的精力决定的；同时每个单元都需学生通过课程内考试及模块期末考试的评估；考试及格将给学生颁发单元的学分；一旦学生积累了整个课程所要求的学分，他们就能够毕业。

为确保学生获得稳固的技能基础和较高的就业能力，工艺教育学院的课程被设置为 80% 的核心模块，主要针对每门专业课程的学习，旨在培养学生在将来的工作中和职业生涯发展中所必需的专业技能。同时，具有 15% 的生活技巧模块，贯穿于所有课程，其目的是最大限度地开发学生的技能，如运动与健康、独立思考和解决问题能力、沟通能力等，从而帮助他们树立终身学习的价值观，使他们有应对经济和就业变化的持续就业能力。此外，还有 5% 的选修模块，选修模块可以是本学科的，也可以是跨系、跨专业的，主要是为那些希望跨学科学习以及有兴趣更深入地探索一些课程问题的学生开设的。

（2）技能标准。在学校招生、开班前两年就要制定技能标准，考试前制订考试方案、测试计划等。教学时，学校根据技能标准编制的教学计划进行，技能标准指出在指定行业内所需的技能及知识，规定培训、测试的范围和标准。

（3）考试方案。考试署制定测试考生的整体评估方法，以鉴定考生是否达到技能标准中所列出的要求，及符合获颁证书的条件。据了解，与实践性相关的课程考试包括两个方面，即模块内考试与模块期末考试。

1）模块内考试。模块内考试是学生在学习过程中进行的考试（包

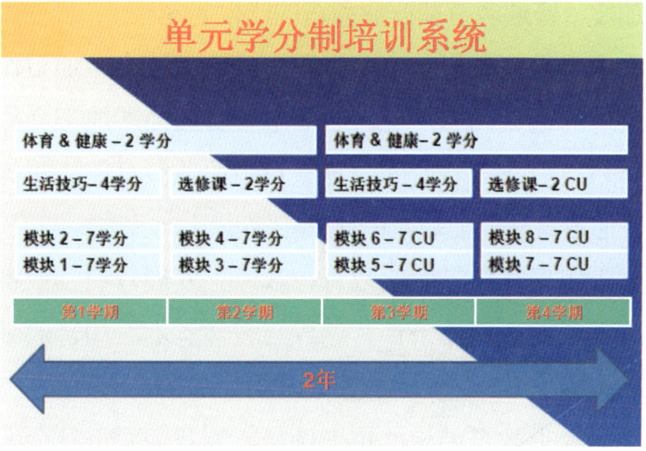

课程体系架构

括课堂测验、阶段性考试、书面作业、实验室 / 实际工作、课题工作及综合评估）和形成式的评估等内容。

2）模块期末考试。模块期末考试是针对模块内的技能、知识进行总结性考试（包括理论考试、实践考试和口试）等。

二、新加坡职业教育的借鉴与思考

广州市技工教育已基本形成体系，“广州模式”已经成形，并在全国得到了有效推广，与新加坡职业教育相比，在教学设备设施、生源数量方面不处下风，但在教育体系的架构、课程体系开发、专业师资队伍建设、考试体系等方面还存在不少差距。我们虽不能简单模仿新加坡职业技术教育的模式和做法，但通过对新加坡职业技术教育的认识和研究，其中的某些方面还是可以借鉴的。

1．从体制上借鉴，提升职业教育的社会地位

我国高技能人才数量严重短缺，结构也不合理，难以适应企业结构调整和经济社会发展的需要。特别是制造、加工、建筑、能源、环保等产业和信息通信、航空航天高新技术产业领域高技能人才严重短缺，已成为制约经济社会持续发展和阻碍产品升级的“瓶颈”。

在新加坡，普通教育和职业教育的比例是 3 ∶ 7，职业教育的分流主要集中在中等教育阶段。中职毕业生或走向社会参加工作，或升入高职学校继续深造，高职学校与中职学校对应而形成一个相对独立的职业教育体系。而我国当前的中等教育中职业教育的比重仍小于 1/2，在广州，普通教育和职业教育的比例不降反升，已达 6 ∶ 4，“普高热”居高不下。近年来，高等职业教育在数量上发展较快，但将近半数相关院校不具备职业教育的条件，课程与教学基本沿用普通高等教育的模式。

我国中等以上教育结构严重失调是影响我国经济社会发展的重要因素，当前，合理调整教育布局，大力发展职业教育，提升职业教育的社会地位，促进中等职业教育的快速健康发展，逐步实现中等职业教育与高等职业教育相互衔接，逐步完善职业教育体系，无论对于提高劳动者的素质、优化经济结构，还是解决就业、促进社会和谐稳定，都具有十分重要的意义。

2. 从课程上借鉴，推行职业教育课程改革

新加坡职业教育体制是新加坡特定的社会历史背景下的产物。由于国情不同，在我国，照套照搬新加坡职业教育的做法是不可取的，但它的理念很值得我们借鉴。

新加坡职业教育的课程设置以企业为主导、学校为辅助，课程的编制既要以国家颁布的职业分类条例和培训条例为依据，又要体现企业岗位的工作特点，并接受行业协会的评估。课程内容基本打破学科本位，以企业岗位工作任务来确定，技能培训以企业岗位能力为目标，课程体系的模块化和综合化特征十分鲜明。也就是说，新加坡职业教育课程是一种职业能力本位课程。

3. 从师资上借鉴，强化职业教育专业化师资队伍建设

新加坡的职业教育师资精良，职业教育教师除应具有学历、资历

外，还必须有5年以上企业的工作实践。企业的实训教师，则必须获得“师傅”的资格，这些教师一般都一专多能、带徒能力很强。

进门难、要求严、待遇高是新加坡师资队伍建设中的主要特点。通过激烈的竞争，他们的职业教育师资大都具有良好的品质、广博的知识、精湛的技能、快捷的效率。这对我们的师资队伍建设有普遍的借鉴意义。在新加坡，教师是一种独立的、专门化程度极强的职业，从事任何层次的教师职业，都必须先取得教师资格证。要获得教师资格证，必须在正规的大学毕业之后，通过第一次国家考试取得教师实习资格，再经过不少于6个月的实习，须通过第二次国家考试。

4. 从考试评价上，推行职业教育统一的考试评价体系改革

新加坡工艺教育局建立了科学的考核评价机制对学生进行全面的评价，让学生从考核评价中认识到自己的不足之处，这对于提高学生的培养质量至关重要。学习他们的考核制度对于我们广州市技工教育的教学质量提高会有一定的帮助。重点可以考虑在以下几个方面不足上加以改进：

（1）考试形式和评价标准方面。在教学计划中，只分为考试课程、考查课程及选修或拓展课课程，理论教学与实操的比例大约为6∶4，考试过程中主要以试卷进行笔试和少部分的口试等，主要的考核内容是对知识的记忆，不能有效考评学生的隐性的能力。因此，可以从教学计划和考试模式，以及评价标准上借鉴新加坡的工艺教育局考试体系中的闭卷和开卷相结合的方式，在考试形式上分模块内和模块期末考试相结合，其中模块内考核可以为口试、笔试及实操考核形式，可请企业、协会的专家参与考评等，模块期末考试可由学校的主管部门统一组织，以保证考试成绩有效。

（2）考试内容与企业实际脱节。考试内容上没有做相应的界定，只依赖教师和学校自主进行，造成各校教学质量参差不齐。因此，可以以学校的主管部门或学校根据技能标准编制的教学计划进行考试内容设定，技能标准指出在指定行业内所需的技能及知识，规定培训、测试的范围和标准，以便考试内容不会与企业实际脱节。

（3）教考没有分离。谁讲授的课谁来出题，谁来组织监考，谁来批试卷等，造成教师、学生都是在考前突击，这种方式不能客观地反映真正的教学效果。因此，可以由学校的主管部门或学校统一命题、统一考试，真正做到教考分离。

（4）考试没有统一的管理规章制度。为保证教学、考试质量，可以建立统一的考试管理机构、规章制度和流程等，以进一步提升规范管理程度。

三、结束语

此次赴新加坡学习先进的职业教育教学模式期间，新加坡工艺教育局等部门为我们提供了丰富的学习内容。同时也实地走访了中等和高等职业院校、培训机构等，对新加坡职业教育中涉及的校企合作、师资培养、课程建设、考试体系等进行了深入的学习。这些为我对职业教育的发展思考带来很多启示。今后，我将积极研究广州市社会经济发展和产业升级调整对技工教育的新要求，落实职业教育改革政策，将所学尽快和日常教学工作相结合，为广州市技工教育的发展改革尽自己的一点绵薄之力。

新加坡培训学习心得

卢洁仪

2017年2月，为加强教师的培养、拓宽专业教师的海外视野，学习先进的职业教育理念和教学模式、方法，专业、课程的开发创新，实训实习基地的建设经验，提高教师的综合素质，受学院的派遣，我有幸参加了广东省人力资源和社会保障厅组织的“广东省技工院校赴新加坡计算机网络技术专业教师培训班”，在新加坡进行了为期20天的培训学习。在培训期间通过讲座、参观等多种途径对新加坡的国情、教育、经济、文化等各方面进行了全面的了解。通过在新加坡南洋理工学院的参观学习与考察，对新加坡的职业教育进行了系统的学习和深入的了解。现将此次培训学习的心得体会总结如下。

一、感受小城市大花园的魅力

2017年2月12日，我们一行24人来到了新加坡的南洋理工学院，在后面20天时间里，通过讲座、参观、亲身体验使我对新加坡的国情、政治、经济、文化、教育等各方面有了深入的了解，这样一个面积仅有七百多平方公里，资源匮乏，就连淡水都没有的岛国，却成为全球最为富裕的国家之一，是亚洲重要的金融、服务和航运中心之一。新加坡也是继伦敦、纽约和香港之后的第四大国际金融中心，其环境卫生闻名全世界，有“花园城市”的美称，风景优美、气候宜人。新加坡在教育方面，不管是初级教育、高等教育还是职业教育也走在世界前列。新加坡是一个非常有魅力的国家，一直以来都能吸引全世界不同国家的人们去旅游、参观、学习。

二、特殊国情，特殊的教育体系

在新加坡，从小学教育到中学教育、高中教育、工艺教育、职业教育和大学教育的整个过程中，通过小学会考、“O”水准至“A”水准考试，可以客观地确定每一位学生的发展方向，根据每一位学生的能力让他接受不同层次的教育以做到因材施教，同时又为每位学生提供了多种深造渠道，使他们可以通过自己的努力，接受其他更高层次的教育。所以说，新加坡的教育制度有利于每个学生循序渐进地发展自己独特的天赋和兴趣。新加坡的教育同时吸收了东西方文化的精华，采用灵活的教学方法使学生的潜能得到培养和发展。

三、教学工厂和无界化理念

在本次培训学习期间，主要是在南洋理工学院里进行参观、学习和考察，通过学习使我们对新加坡职业院校的办学理念、师资培养、人才培养、教学方法、实训实习基地、质量管理等方面的先进经验、学校文化与专业精神有了全面的了解。在所参观的几个特色专业学院中，除了具有校园环境和硬件设施好的共同特点以外，每所专业学院又有着自己的特色。除了丰富的教学资源，充满活力的教学团队，科学的教学方法，先进、完善的实验实训基地以外，南洋理工学院在其他方面都非常有特色：在人员管理上遵循“以人为本、超前应变、无界化团队、职业无货架寿命、和谐的工作环境”；在人才培养上采取“市场导向的课程设计与开发”“教学工厂”“经验积累与分享”，以“项目与技术开发”为代表的综合科技教学；坚持校企合作“源于企业，用于企业”；学生在学习中表现出的创新能力和在生活习惯方面表现出的高素质等。南洋理工学院在教学过程中与企业的合作非常紧密，在校园中到处都可以看到企业的影子，专业教师至少有 5 年的企业工作经验，教学项目很多都是企业的实际生产项目，实训实习基地的管理、运作各方面都以企业的标准，真正成为“教学工厂”。同时，该校毕业班在顶岗实习方面做得非常有特色，在南洋理工学院参观学习的IT系、工程系、动漫系、工商管理系中，每个都有自己的专业特色，如我们学习和参观的IT系，在人才培养上注重“厚基础”“实习理论并重”“注重个性培养”“创意思考”“推广企业精神”；采用电子学习的方式，充分利用学院的互联网资源及“流动电子学习”网站，同时建立详细的学生日常成绩评价评分系统，对每个学生的综合能力给出科学的评价。

通过在新加坡的培训学习，让我开阔了眼界、增长了见识，学到了很多新知识、新方法。对于本次学习的收获，我联系自己的专业与工作谈几点想法。

1. 加强专业教师的培养

职业教育在教学过程中，专业教师的专业水平、企业工作经验直接影响到学生未来的就业水平和就业品质，南洋理工学院的专业教师都是有至少5年的企业工作经验，所以在教学中可以凭借他们丰富的企业工作经验拉近学校与企业的距离，使他们培养的学生能够更加适应企业的需求。在这方面我们还是比较欠缺的，很多专业教师都是从高校毕业后直接到学校，缺乏企业工作的经验。因此，需要加强职业教育专业教师企业挂职锻炼管理工作，提高专业教师的专业水平，培养教师在企业的工作经验，这样可以进一步提高教学质量，培养出企业真正需要的人才。

2. 扩大校企合作，提高顶岗实习的品质

职业教育必须加强与企业的紧密联系与深度合作，虽然我们也搞了很多校企合作，但是相比新加坡职业院校的校企合作，我们还有一定的差距，有一些方面还只是停留在表面上，没有做到深度合作。顶岗实习工作也是一样，很多顶岗实习的岗位都是与本专业无关的。这一点南洋理工学院做得非常好，他们的顶岗实习专业对口，一学期的实习中，学生可以直接参与企业的项目，毕业设计是以企业的实际项目作为题目，通过顶岗实习与毕业设计可以为企业解决很多项目问题，为企业带一定利润的同时，也使学生与教师得到了锻炼，提高了专业能力和职业能力。所以，我们的任一个专业，只有在企业的支撑下才能越办越好，因此寻找稳定的能够深度合作的企业作为本专业的建设伙伴是非常重要的。

3. 重视学生的发展能力培养

在新加坡，每年进入理工学院的学生很多，但是就业以后再读本科的比例很高，其中南洋理工学院达到50%，这与他们受到的教育密切相关。南洋理工学院的培养目标，虽然在培养学生市场竞争力和就业能力方面有很强的针对性，但他们也特别重视学生综合能力的培养，学生的基础知识特别扎实，能力提升空间特别大。我们针对这方面的工作做得不多，特别是对毕业生就业以后深造的情况缺乏调查研究，课程体系的针对性和服务性还有待提高。

4. 重视教学改革，提高教学质量

传统的教学模式、教学方式已经无法适应现代的职业教育，而在我们的很多学校、很多教师都还是采用“灌输式”的教学，以教师讲授为主，教学效果较差。在新加坡参观的几所理工学院中，每一所学院在教学改革方面都积极探索，都已经形成适合本学院、本专业、本课程的教学模式、教学方式及教学内容。因此，我们应该加强对教学改革的重视，在平时的教学过程中积极探索适合于本专业或者本课程的教学方法、教学形式和教学内容，做到以学生为中心，发挥学生在学习过程中的主导地位，提高学生的学习兴趣，同时充分利用网络、大学城空间为学生提供全面的学习资源，使学生在课堂与课外都能自主学习。

5. 丰富学生课外生活，提高学生综合能力

除了在课堂上培养学生综合能力以外，还应该鼓励学生在课外培养各种兴趣爱好，使学生具有良好的沟通技巧、领导才能、创新精神，养成体育锻炼的习惯，做到均衡发展。正如新加坡的理工院校一样，要为学生综合能力的培养创造良好的条件，为学生将来走向工作岗位提高竞争能力。

6. 加强课程考核，严格学籍管理

建立科学的考核评价机制，对学生进行全面的综合的评价，让学生从考核评价中认识到自己的不足之处并加以改正，这对于提高学生的培养质量至关重要。在这方面我们也需要改进，不能再单纯地以期末考试的成绩与平时的考勤、作业上交情况作为评价学生的主要手段。南洋理工学院在学生考核方面也很有特点，他们实行期中会考和期末考试相结合的考核制度，部分专业、系因产业特殊化，如动漫系就直接取消了期末考核，以作品和项目展示作为考核标准，更加重视过程性考核。南洋理工学院的考试类型又分为统考和项目考试等，考试不及格的科目将进行重修，不设补考。如果考试作弊，将受到严厉的处罚。

总之，本次培训虽然只有20天的时间，但是我们的收获却不少，无论在教育教学方面，还是在专业建设方面都有很多思考和想法。尽管中新两国国情不同，教育的体系有差异，但社会的需求和学生的素质水平却相似。中国的职业教育体制也是在不断改造和完善当中，与其临渊羡鱼，不如退而结网，我们应该将培训中所学到的经验运用到平时的工作中，同时要进行升华与创新，在今后努力提高、积极进取，为我们学院的发展、专业建设、课程建设和教学改革等方面贡献力量。

2019年7月在莫斯科，世赛广州市交通技师学院重车选手与俄罗斯卡马斯技术专家沟通

2019年8月在俄罗斯喀山，广州市交通技师学院重车选手及中国专家组与国外选手、专家合影

美国普利茅斯州立大学工商管理学院院长伯格斯博士来广州市交通技师学院参观交流

美国普利茅斯州立大学工商管理学院院长伯格斯博士被广州市交通技师学院聘为外籍专家

a)

b)

c)

2018年9月，德国莱茵学院来广州市交通技师学院参观交流（a、b、c）

第45届世赛重型车辆技术项目瑞士专家和中国专家组、教练员、学生选手合影

a）

b） c）

2018年11月，重型车辆技术项目瑞士专家来广州市交通技师学院进行技术交流（a、b、c）

我国香港、台湾篇

第七章　中国香港特区

赴香港特区职业训练局培训学习心得

关君

为了更好地了解和学习职业教育的最新理念，2015 年 11 月 29 日至 12 月 5 日，我有幸参加了广东省人力资源和社会保障厅组织的赴香港职业训练局为期一周的培训学习，主要内容包括：香港职业教育及培训体系、职业训练局下属学校的专业设置、人际沟通与团队建设、学生管理和全人发展、校企合作的模式与案例、实训室的建设和维护等。本次培训学习内容丰富，受益良多。

香港职业训练局是香港的重要机构之一，成立于 1982 年，由《职业训练局条例》监管，目的是提供一套全面和最具成本效益的职业教育培训制度，配合社会经济需求；负责制订、发展及推行职业训练计划，训练操作工、技工、技术员及技师，以促进工商及服务行业的发展。职业训练局下辖的香港专业教育学院有 9 个分校，提供由高级技术员、技术员以至技工级的优质职业教育，配合经济发展对人才的需求，满足年轻人对职业教育的期望。以下是本次赴香港培训学习的体会与心得。

一、紧跟产业转型，职业教育不断创新

香港职业训练局见证了香港的时代风云，历经了本地经济的潮起潮落，始终把服务当地经济放在首位，在发展过程中不断壮大，在不断变换的政治经济形势下，不但能从容面对，更能将挑战化为机遇，

发展所长，把成为卓越的职业教育与培训机构作为自己的奋斗目标；实行“思考与实践”并重的教学方针，让学员学到专业技术和知识的同时，也培养出对学习的热情，引领他们踏上成功之路；建立全日制和资格培训相结合的资历架构，清晰地制定行业内每个级别需要的技能、资历；让年轻人以及在职人士清楚地看到自己进修及晋升的阶梯，实现终生学习。配合资历架构，职业训练局委托香港学术评审局进行院校办学质量评审和学科优势评审，通过评审，以检查和证明开设的课程是否符合当前市场的需要，并通过评审进一步优化专业结构和课程体系，从而确立品牌优势。香港专业训练局紧跟地区经济转型，适应市场发展的做法非常值得内地借鉴，尤其是对于广州这样的一线城市，更具借鉴意义。

二、先进的全人发展培养理念

教育的核心就是品格的塑造与素质的培养。“教学”应当是“教”在前还是“学”在前？我们一直认为是教师教、学生学，但是职业训练局的教师给了我们不同的解释。他们认为，教学生知识不是最重要的，最重要的是教会学生思考，培养学生正确的价值观，学生想学什么我们就教什么，从而使在我们看来再正常不过的“教学管理”也转变为“学教管理”了。香港职业训练局“全人发展”教育理念强调，教育应该充分尊重学生在受教育过程中的主体地位，要发现他的价值，发挥他的潜能，发展他的个性。

香港职业训练局下属的院校虽然都是职业院校，在教育理念方面却一直奉行“全人教育”，这一点与内地职业院校强调的“职业技能”“职业素养”有着较为明显的区别。所谓“全人教育”，就是一种整合以往“以社会为本”与“以学生为中心”的两种教育观点，形成既重视社会价值，又重视学生价值的教育新理念。

三、行业标准与课程融合

香港职业训练局的“结果导向型”课程开发思路也与内地高职院校所实施的“基于工作过程”课程开发思路有一定的区别。香港特区政府虽然不介入办学活动，但其统筹规划作用对教育的影响至关重要。香港特区政府通过法律规范和财政资助两大手段从宏观方面规范和引导教育活动，对香港职业训练局的经费拨款、审批和批领后的跟踪、监督都有十分严格的程序。至于香港职业训练局的发展方向，下属学院的办学规模、专业建设、课程开设以及教师的配备，完全按需要进行配置，香港特区政府只起指导、服务和监管作用。

行业标准与职业课程的融合大大提升了香港职业教育的成效。香港职业教育的目的，就是为行业输送合适的劳动力，因此职业教育机构的招生、计划、课程开设、教师配置是按照人才市场的供求信息制定的，是通过市场调查，为职业教育品牌定位的。为此，香港职业训练局设立市场推广委员会，分析研究市场，深入讨论和分析发展的规划和目标，将行业和职业标准与课程标准相融合，即不断根据市场的变化，调整专业结构、课程体系和教学内容，使培养出来的学生成为市场的“抢手货”。

四、制定完善的资历架构

尤其值得我们学习的是香港特区政府推行的资历架构，目的是鼓励市民自我增值，推动终生学习以维持竞争力，从根本上解决个人就业能力和技能问题，提高整体素质。香港职业资历架构要求由香港特区政府制定行业《能力标准说明》，在同一个行业，《能力标准说明》具有唯一性和权威性。香港特区政府下属的职业学校、私营培训机构、企业内部以《能力标准说明》设计的培训课程，必须提交香港学术及职业资历评审局进行课程评审，评审通过后才能进行培训（有自我评审能力的院校开办的课程除外）。目前，香港已经推行资历构架的行业有机电业、物业管理业、物流业、信息科技及通信业、制造科技业等17个行业，已涵盖43%的劳动人口。香港资历框架共分7个级别，第一级别是一个没有既定入学要求的初等级别，之后每个级别依次增高。7个级别均用4个通用指标（知识及智力技能，过程，应用能力、自主性及问责性，沟通能力、运用信息科技及运算能力）加以说明。

五、做实校企合作

香港职业训练局下属各学校非常重视校企合作在职业教育中的重要作用，大量邀请行业企业一线专家参与日常教学活动，与众多的知名企业开展合作办学。行业专家参与隶属于职业训练局的各训练委员会的工作，每年度均会对本行业的人力资源状况进行统计与调研，并提出人力资源调查报告。其中包括行业内各级技术岗位预测的人员需求量和培训需求量，使职业训练局培养的学生和培训的学员专业对口、供需接轨。同时，企业实践专家在学校担任专业教师，参与课程策划和设计活动，参与教材的编写活动，或为此提供顾问意见，使学校师生能了解行业和专业发展动态，众多的合作企业也能为学生提供足够的实习岗位并进行资金支持。

六、结束语

从香港职业训练局目前的发展情况和办学效果来看，香港的职业教育具有较为鲜明的特色，也取得了较好的成效，其在发展过程中有许多做法和经验是值得我们思考和借鉴的，特别是“全人教育”理念、“结果导向型”课程开发思路以及校企合作的成功做法等都是当前我们深入进行职业教育课程改革过程中可以借鉴的内容。当然，我们也应当认识到，任何事情都具有两面性，香港的职业教育理念也有其局限性，内地职业院校所尝试的改革路线也同样具有其优越性，如何取长补短、不断深化职业教育改革是目前摆在我们面前的重要课题。

香港特区职业教育的特点及其启示

李瑜生

2010 年 12 月 12 日至 18 日，我有幸参加了“广东省人力资源和社会保障厅技工学校教师赴港培训班”，短短的一周行程里，在香港职业训练局领导和员工热情接待和陪同下参观了香港职业训练局下属的多家职业学院和学校，和香港同行在职业教育体制、教学方法、专业课程建设、教学经验等方面进行了深入交流，收益良多。以下对香港的职业教育特点和培训后的启示进行阐述。

一、香港职业教育的基本特点

1. 香港特区政府对职业教育的主导作用

香港特区政府对包括职业教育在内的大多数领域实行“积极的不干预政策”，不介入具体的办学活动，但不等于不过问。实际上，香港特区政府在职业教育方面的影响力是相当大的，它主要是起指导、监督、资助、服务的作用，从宏观层面规范和引导教育活动。例如，香港最大的职业教育机构——职业训练局，2006—2009 年受特区政府拨款占该局总支出的 68%，其余来自学生学费及其他收入。无论是法律规范、信息引导还是财政支持，从职业训练局的情况来看，都明确表达了特区政府的意图，就是使教育既不偏离特区政府预设的轨道，又不妨碍市场机制调节各办学主体的积极作用。

2. 市场机制对职业教育的调节作用

香港高度市场化，就业市场上各类人才的供求状况是各职业院校与培训机构办学的风向标。香港的行业协会非常活跃，其组织独立于特区政府体系和教育体系，在从业资格准入、信息发布及广泛参与职业教育工作中，都有效地保证了办学质量，对职业教育机构起着“标尺”的作用。学校培养目标和规格的确立，培养方案、课程标准的制定，人才培养过程以及教学质量评估，行业和企业都高度参与其中，而且几乎是“行业和企业说了算”。

市场机制在职业教育资源配置方面发挥着决定性作用，还反映在以下 3 个方面：

（1）机构高度精简。管理人员少，兼职教师比例大，教学场地多是租用的。

（2）办学布局。社区化、网络化办学机构的竞争激烈、服务意识非常强烈，新居民点建到哪里，教学点就设到哪里，大型机构的优势十分明显。这些机构教学点几乎遍布各居民社区，形成庞大的职业教育网络体系，统一决策、集中管理、分散经营、独立核算，在市场竞争中显示出巨大的优势。

（3）办学方式灵活多样。香港办学机构在中小学甚至居民区租 1 ~ 2 间空房，设一名管理人员，教学点就开办了。而且，同一个机构可以开办各种形式的教育。

3. 适当的人事制度

香港职业教育教师的主要来源并非来自高等院校的应届毕业生，而是根据学生学习知识及技能的需要，不定期地聘用工商企业界的一线人员；招聘教师至少要求有 3 年工作经验，甚至聘请在企业已经工作 5 ~ 10 年的人学习教育学后来当教师。现有教师在学校工作 3 ~ 4 年后必须进入相应企业实践 1 ~ 2 年，经“专业委员会”考核合格再重新回到教师工作岗位，以此保证教师对相关行业、专业的熟悉度。香港职业教育对教师的要求是很高的，注重实际工作经验与技术，对教师没有科研及发表论文等形式上的要求，但有一个包括上司、学生、自我评价和年度杰出教学奖评选在内的相对公平的务实的激励机制。

4. 有效的人力资源预测制度

香港执行人力资源预测制度的职能机构是职业训练局下属的 21 个行业训练委员会和 5 个一般委员会。训练委员会由企业、商会、公会、特别行政区政府与教育界等方面的代表担任，义务为职业训练局服务。各行业训练委员会通常每年一次对所在行业的人力资源需求状况进行全面调查，对现行职业教育规模、办学方向甚至课程内容做出客观评估，形成书面报告并公之于众。这一人力资源预测制度，不仅为职业训练局与特别行政区政府提供决策依据，也为职业教育单位提供专业、课程设置的依据，同时还可以帮助求学者选择专业与课程，使得香港的职业教育目标明确，学生就业情况良好。

5. 教育立交桥的形成

香港职业教育与普通高等教育、中等义务教育形成了有机联系，课程设置彼此衔接。学生在不同的级别毕业后，既可以选择就业，也可以选择继续就读，还可以到承认香港学历的境外留学。职业训练局与海外、内地及本地著名大学签订协议，学生可以修读各大学在香港开办的全日制、兼读制衔接学士学位课程。专、兼就读的学生可以在完成一定文凭等级后相互转换。

6. 灵活、务实的教育手段

（1）先进的教学设施。香港的职业教育以设备先进见长，如青衣分校的影音制作室就包括录影室、录音室、视像控制室、音效控制室，里面的各种设备相对于企业界而言都是比较先进的，是一个设备先进、功能齐全的学生实验室。通过对这些先进设备的操作，学生能直接制作出与实际视听产品类似的作品。

（2）务实的课程结构。在课程设置上，香港职业教育十分强调学生的实际动手操作能力。所开设的文化课程和社工课程一般不到 30%，训练操作性的实践课程一般占全部课程的 50% 以上，有的甚至达到

80%。

（3）逼真的训练环境。香港职业教育强调自我学习和讨论学习，通过“工作坊”等各种场景，让学生“真刀真枪”地干。将专业技能分成若干实训单元，反复强化训练，达到熟能生巧。如建筑专业培训从砌墙开始，教师考核砖缝的大小、均匀程度等项目，如达不到要求则推倒再砌；宾馆管理专业学生的技能训练从擦窗户、拖地板、操作吸尘器开始，反复训练，直至达到考核目标。

（4）灵活的教材建设。香港职业教育的教材运用比较灵活，没有人去强求教材统一、完美、成熟，而是要求教材尽可能多、尽可能快地反映最新技术成果。职业训练局鼓励教师根据工业与科技发展的需要自编教材，形成各自的特色，把最新科技成果贯穿于教学中，使学生所学具有高新技术含量，毕业后能胜任社会工作。

7. 积极而浓郁的教学氛围

在职业训练局的每一个角落、每一项工作和活动中，都能时时刻刻感受到敬业精神和团队意识。职业训练局的每一位员工，不论何时何地，都精神饱满、热情周到地为学生服务。香港专业教育学院的教师实行坐班制，他们除了要完成每周 15 ～ 20 小时的授课任务外，还需要承担大量的行政和学生管理工作，授课工作量和行政、学生管理工作量基本上各占 50%，工作的繁忙程度可想而知。

8. 以学生为中心的教育理念

香港的职业教育除了注重课程学习之外，还强调尊重学生的主体地位，把人的全面发展、潜能的充分发挥、人格的完善作为教育追求的目标。职业训练局的全人发展教育包括全人发展课程、康体活动、义工运动及青年奖励计划。

二、香港职业教育培训的启示

1. 转变政府职能

相比香港特区，内地各级政府在职业教育工作中主要起着决策、领导和管理作用。近年来职业学校的办学自主能力有所提高，但由政府办学的计划招生、计划拨款的做法依然是主流，这样一方面使政府陷入烦琐的事务管理中，另一方面又使学校失去按市场规律办学的主动性和积极性，政府处于不能不管但是又要研究市场规律的两难境地。因此，借鉴香港特区的实践经验，内地应重新定位政府的角色，既不越位也不缺位。同时，内地地域辽阔，各地经济社会情况不一，必须结合实际，推进宏观教育管理体制改革，在统筹管理方面下功夫。改革的内容可以包括加大省级政府对当地职业教育的规划与决策权，促进职业教育与地方经济社会发展相结合的力度，明确职业教育事业的政府责任，统筹、整合区域内各种资源；加大财政对职业教育的投入力度，积极培育各种社会中介组织，健全社会架构；引导市场发挥对职业教育的指挥棒作用，努力平衡政府主导与市场调节的关系。

2. 改革专业及课程设置

职业教育专业设置要以市场为导向，以区域和地方经济社会发展及其产业结构调整、优化、升级的需要为依据，结合技术领域和职业岗位的实际要求设置和调整专业。坚决纠正只根据学校现有教师及既往办学传统，而不是根据市场需要设置专业的倾向。同时，要将真实的就业状况作为专业设置及其结构调整的依据，对不符合市场、社会和个人需求的专业应予以撤销。从课程内容上看，内地的职业教育大都属于典型的“准备型 ”结构，实训基地稀少且落伍，毕业生理论与实践脱节。开设的课程一般分为政治教育课、文化知识课、专业基础课和专业课四大类，专业课在整个教学中占 40% 左右，实际操作课在专业课教学中占的比例更小。因此，内地必须加快步伐平衡理论课与实践课的比例，切实加强校企合作，提高职业学校学生的动手操作能力。

3. 解放思想、更新观念

香港的职业教育，在经济社会发展与产业更替的驱动下，加快了发展步伐，经过短短数十载，走过了起步、拓展阶段，已经步入提升阶段，建立起梯级分工、各司其职的比较完善的职业教育体系。当然，香港在发展职业教育方面，虽然有不少理念和经验值得内地学习，但我们也要考虑政治体制、生产力水平和历史文化的差异等，不能照搬照抄香港的发展模式。只有解放思想、更新观念、提高认识、消除偏见、携手共进、不断研究、不断实践，才能真正迎来各地职业教育发展的春天。

三、结语

现在内地职业教育刮起了一阵“工学结合一体化”课程改革的“旋风”，尤其是我们广东省的技工学校更是走在全国前列，纷纷效仿源自德国的这套职业教育方法。而我国香港特区的职业教育特点和方式方法同样能为我们开阔思路。希望我们能取各家之所长，在职业教育课程改革的路上走得更加稳健。

第八章　中国台湾地区

赴台湾地区职业教育考察交流心得

黄汉龙

2012年春节期间，广州市交通技师学院部分获奖优秀教师结伴前往海峡对岸的台湾科技大学，重点对台湾地区的职业教育进行了考察。

虽然还是春节假期，但该校十分重视本次交流，考察期间我们受到了台湾科技大学张伟斌副校长、建筑系周世璋主任和建筑研究中心阎亚宁博士等领导专家的热情接待。该大学有台北市和新竹市两个校区，属于高职院校，学历层次有本科和专科，在校生12 000多人。该校的特色院系为建筑系，设有规划与建筑研究中心，该中心研究方向为古迹的保存与修复、增值与使用，每年参与许多相关的社会工程项目，其在研究成果推广、转让方面取得了较大的经济效益和社会效益。他们曾经参加过四川汶川地震后国家重点文物的修复和保存工程，为海峡两岸社会经济发展做出了重要贡献。

经过本次考察和交流，我们有许多感悟和收获。

一、对台湾地区职业教育的基本认知

1. 技术与职业教育的地位较高

在台湾地区，技术与职业教育被简称为“技职教育”。

台湾地区的技职教育比较发达，其入口旺、出口畅、投入大、水平高、设施好、师资强。由于台湾当局主管部门的重视，民众对技职

教育认同度较高，普遍崇尚学力比学历更重要的观念，充分体现了务实办学的理念。所以，学生初中毕业后，在高中阶段普高与中职的就读学生比例为 6 ∶ 4，大学阶段普通大学与高职院校学生比例为 5 ∶ 5，可见技职教育的地位较高。

2. 学生个人发展途径通畅

台湾地区技职教育的社会认同度较高的一个重要原因在于，技职学生与普高和普通大学的学生一样，有畅通的个人发展途径。台湾地区的初中毕业生有 3 条升学渠道：一是参加普通高中考试，升入普通中学，高中毕业后报考普通大学；二是报考五专学校（五年制大专），也属高职（专科）性质；三是报考中等职校，学制三年。台湾地区的高等技职学校每年实行联考制，主要招收中等职校的毕业生，应届高中毕业生若要报考高技职校，一般要先参加工作 1 ~ 2 年。高技职校也向五专学校毕业生招考，考上后读两年即可获得本科文凭。技职学生在中职毕业后可以选择普通大学，也可以选择对口的高等职业院校，中职与高职之间的课程衔接由台湾当局教育主管部门来统筹。我们重点考察的台湾科技大学就是一所高职类大学，属于技职教育的范围。

3. 重视师资队伍的实践经验

台湾地区技职学校教师的任职条件是：“应有 5 年的教学经验和 4 年的‘产业年资’（实践工作），必须是‘学验俱丰’”，即教学和实践经验都很丰富。他们认为，只有教师具有优异的教学经验与产业背景，才能实现办学的“创新及实务导向”的结合。

4. 专业设置与社会经济紧密结合

台湾地区技职院校的专业是为适应社会的需求而设置，与经济发展紧密结合，因而专业设置科学合理。比如台湾科技大学建筑系，所设的各专业及其建筑研究中心，就是把古迹保存与修复作为骨干专业与重点研究方向。因为台湾是地震多、台风多的地区，往往对建筑物的抗灾防灾和文物古迹、自然遗产的修复与保存等方面存在很大的技术难点和社会需求。同样，技职教育为20世纪80年代台湾经济的起飞提供了产业技术和技能人才等方面的支持，可谓立下了汗马功劳。

5. 企业的产业文化与学校的文化产业增值共赢

台湾地区技职院校的校企合作，更重视产学研有机结合，有效地体现了企业、职校、研究中心有机合作、能位互补、增值共赢的特色。一是台湾当局予以政策引导促成产学合作：一方面，技职院校为企业提供技能型产业人才，企业为学校毕业生提供畅通的就业出口；另一方面，企业为学校提供信息、课程建设、实训基地等方面的支持，丰富学生学习资源，保证学生的能力发展与企业需求相符，并使学生提前接受企业文化的熏陶。二是学校不完全依赖或只跟随企业步调走。他们重视对前沿技术的研究，开发具有独特竞争能力的技术产品，主动承担社会责任，为企业解决实际问题，形成特色文化产业，并通过技术转让或经济合作取得经济效益。这样一来，企业的产业文化与学校的文化产业相互影响、资源共享，能够实现增值共赢。台湾科技大学在文化产业的建设方面取得了较大的成功，建筑系和建筑研发中心成为该校的核心竞争力，也成为它们的骄傲。

二、台湾地区技职教育考察交流的启示

1. 善于抓住机遇，努力谋求发展

台湾地区从20世纪70年代末期开始重视技职教育，80年代赶上了产业大发展的好时机，技职教育迅速发展壮大，许多中职学校因此发展并升格为知名的科技大学（高职院校）。

如今，广东的职业教育业赶上了发展的好年头，由于产业升级，经济结构调整转型，为技能型人才的需求提供了广阔的前景。机不可

失、时不我待，我们技工院校一定要善于抓住机遇，努力谋求发展。

2. 通畅学生个人发展路径，提高学生与家长的认同度

台湾地区技职教育几乎与普通教育平分秋色，获得广泛的社会认同。在这点上，广东的职业教育还存在很大的落差：我们的招生还较困难，毕业生的对口、稳定、高质量就业还有许多需要努力的空间，学生、家长、企业的认同度更有待提升。

当然这种困局是多方面原因造成的。但是，这次台湾地区职业教育考察给我们的启示是：一定要使学生个人发展的路径畅通，让学生选择了技工学校后还有接受更高层次教育的机会，即让学生在学习和掌握相应技能的同时，能够争取达到大专甚至本科的学历。比如，初中起点的五年制技专兼修，高中起点的三年制技专兼修，高技后的专升本等。虽然这些我们都尝试在做，但是，还有很多亟待完善与提高的地方：技校学生接受专科教育班内人数较少；本科教育目前只限于成人业余教育模式，也未形成稳步发展的态势；与高等院校合作办学的层次及规模要加大力度，并应统筹考虑多形式、多渠道发展。

3. 以职业综合能力提升为重点，把师资队伍建设落到实处

台湾地区技职教育的教师必须具备5年的教学经验和4年的“产业年资”资格，这方面我们广东各技工学校存在的差距更大：不少年轻教师从校门到校门，尽管学历可观，但企业实践经验缺乏；部分聘用的企业技能人员，又缺少学校的教学经验；“双师型”一体化教师的比例仍然偏少。可喜的是，广州市交通技师学院对此已予以关注与统筹，下一步应进一步综合考虑，对专业设置的总课时进行调减，同步调增课时的单位课酬，争取在教学工作总量上解放教师，以确保有效引导教师“学验俱丰”的双向达标和提升，从而把加强师资队伍建设落到实处。

4．拓宽校企合作模式，打造核心竞争能力

台湾地区技职院校的校企合作即产学结合，是双向的、多元的，企业的产业文化与学校的文化产业有机融合、增值共赢。之所以有这样的结果，与学校的多元竞争能力构建是分不开的。比如台湾科技大学的建筑系，十分重视前沿技术及其产品的研发，用系主任周世璋博士的话来说就是："我们一定要抓住别人不会的东西，一定要拥有别人没有的技术。"该学校的建筑系及其研究中心，拥有不可替代的建筑与古迹保存与修复方面的技术专长，技术转让与推广应用创造出较大的经济效益，并服务社会。这是他们与企业合作的资格，是学校核心竞争力水平的重要标志。

总之，这次由广州市交通技师学院相关专业糸骨干教师组成的考察组，对台湾科技大学及台湾地区其他技职教育的考察是成功的。考察组既有感悟，也得到了启示，为今后我们学院的高速发展打下了较好的基础。

台湾地区技能大赛的经验与思考

李阿敏

2016年9月18日至24日，根据广州市人力资源和社会保障局工作安排，广州市职业技术教研室主要负责人带领市属公办技师学院有关领导及教师一行15人赴台湾地区进行了为期7天的学习调研，此次学习调研的重点是台湾地区参加世界技能大赛的组织和准备工作情况。其间，分别听取了台湾龙华科技大学特聘教授徐昊杲、台湾“中华技术人力发展协会”秘书长郑庆民、台湾“中华技术人力发展协会”理事长侯世光、台湾“中华技术人力发展协会”副秘书长林谦育、世界技能大赛裁判长卓清松、世界技能大赛裁判赖荣秋的专题报告，并分别到南港高工、大安高工、明德中学、台中高工、彰师附工、嘉义高工进行实地学习调研，听取了各校校长有关情况介绍，观摩大赛选手训练现场，与大赛管理人员、技术人员和参赛选手进行了广泛交流。

此次学习调研，我们不但对台湾地区在大赛准备特别是选手选拔和训练等方面的情况有了更深入的了解，而且台湾卓有成效的大赛培训体系和年轻教练及选手的敬业精神更给我们留下了极为深刻的印象。

一、世界技能大赛基本情况

世界技能大赛由世界技能组织举办，被誉为“技能奥林匹克”，是世界技能组织成员展示和交流技工技能的重要平台。

截至2017年第44届世界技能大赛，其比赛项目共分为6个大类，分别为结构与建筑技术、创意艺术与时尚、信息与通信技术、制造与工程技术、社会及个人服务、运输与后勤，共计51个竞赛项目。大部分竞赛项目参赛选手的年龄限制为22岁，其中制造团队挑战赛、机电一体化、信息网络布线和飞机维修4个有工作经验要求的综合性项目，选手年龄限制为25岁。

世界技能大赛的举办机制类似于奥运会，由世界技能组织成员申请并获批准之后，世界技能大赛在世界技能组织的指导下与主办方合作举办。

二、台湾地区备战世界技能大赛的主要经验和做法

从1971年开始，台湾以地区名义参加了历届世界技能大赛，取得了10次综合冠军的优异成绩，并于1993年承办了第32届中国台北世界技能大赛。从1977年开始，中国台北代表队多次获得综合项目的冠军，堪称世界技能竞赛舞台上的佼佼者，个人获奖率高达67.6%。取得如此优异的成绩，台湾民众的重视是关键因素，此外，在选手选拔和训练等方面也独具特色。台湾地区的主要经验和做法有：

1. 台湾当局主导型的大赛体制

台湾当局高度重视技能大赛，规定参加技能大赛获得前三名的选手，除获颁奖金与奖牌、奖状外，还可依中等以上学校技（艺）能优良学生甄试及甄审保送入学办法规定，参加甄试或甄审至职业学校、五专、二专、四技或大学相关科系进修，成为理论与技术兼备的中坚技术人才。此外，参加技能大赛的成绩及格的选手可依据技术技能检定发证办法规定，3年内参加同职类乙级或丙级技能鉴定时，得免试术科测验。

2. 严格的选拔程序

台湾地区参与世界技能大赛的选手，办理方式为选拔赛前三名的选手于赛后再办理一次选拔赛，选出参与大赛的正取及备取选手，第一名为正取选手参与世界技能大赛（第二名为备取选手）。台湾地区非常注重选手自我目标意识的培养，选手通常具有更加的坚韧毅力和取胜信念，目标更加坚定。

3. 有针对性的强化训练

选手的训练每年从 3 月初持续到 8 月底，长达 6 个月。机电一体化等 17 个项目的选手将参加由台湾“中华技术人力发展协会”主办的强化训练，车身修理等 23 个项目的选手参加由有关机构组织的强化训练。裁判长和指导教师将对选手进行个别指导，还有历届获奖老选手一对一地进行训练指导。对没有单位或所在单位没有条件承担训练任务的选手，台湾由“中华技术人力发展协会”负责指定学校进行训练（例如，我们参观的台北大安高级工业职业学校就是该协会指定的选拔赛和选手集训所在地）。训练期间，还要组织 5 次模拟测验，定期检查选手训练情况。数控车床等 14 个项目，需要到当届主办地做事先调研及进行异地训练，以强化对大赛时所使用装备的适应能力。

4. 强有力的大赛运作能力

每次参赛前，都要举行 3 次裁判研讨会，讨论培训方法和大赛策略。第一次主要审查选手评价结果后制订训练计划；第二次主要分析训练成绩后选定战略技能项目；第三次主要分析最终成绩及讨论参赛具体事项。研讨会的重点是借助裁判长的国际大赛的丰富经验，共享大赛相关信息和注意事项等知识。

5. 极具吸引力的大赛奖励制度

参加世界技能大赛选手的奖励有 5 项，包括：①奖章；②奖金，台湾地区会进一步加大奖励力度，冠、亚、季军的奖金在原有基础上额外增加 30% 以上；③对长期在技能岗位工作的获奖选手，根据获奖名次和工作年限，给予一定技能奖金（相当于岗位津贴）；④参加技能大赛成绩及格的选手 3 年内参加同职类乙级或丙级技能鉴定时，免试术科测验；⑤参加技能大赛成绩获得前三名的选手可以参加甄试或甄审至技工学校、五专、二专、四技或大学相关科系进修。裁判员指导的选手如果获奖，该裁判员也有相应的奖金。

6. 独具特色的增强自信、鼓舞精神措施

这类措施包括：委托外部专家、机构实施强化意志的课程；委托军队开展为期3天左右的野外训练，包括完成挑战极限训练和“我能行”的意志训练及树立集体荣誉感等；大赛负责人将访问训练场地并对选手进行鼓励慰问。此外，还积极开展各种宣传活动，除在世界技能大赛网页上对选手进行介绍，举办“加油！我来说一句”活动等，还广泛通过新闻、报纸、网络、电影院、火车站等进行宣传。

三、世界技能大赛引导技工院校机电专业教学改革的思考

1. 世界技能大赛促进技工教育人才培养模式的转变

世界技能大赛促进了技工教育人才培养模式的根本转变，体现了技工教育的根本特性，实现了引导技工教育科学发展。它不仅检验了学生的技能水平及其所在学校的师资力量，也检验了学校的课程建设和管理水平，是一场从学生到学校的全方位检验。世界技能大赛间接促进了工学交替、半工半读的学习模式，把学生技能比赛、学科建设、实习实训基地建设与技工资格取证作为工作重点，提高学生的职业能力与综合素质，帮助学生顺利完成由学生到企业员工的身份转变与适应，把技工院校办成特色鲜明、效果明显、能适应经济发展的技术工人的培养基地。

2. 打造技工教育特色专业，培养技能型人才

（1）依据世界技能大赛的指导思想，调整课程设置。在机电专业教学计划中提出的培养目标是“应用型、技能型实用人才”。除此之外，还要增加竞争意识和创造思维的培养，突出技工道德教育，加强综合职业能力和综合素质的培养。另外，要实现使一部分学生毕业后升入高等教育继续深造的目标要求。所以，课程设置要通过教育思想、体制、内容、方法、手段的创新，根据地区产业需求进行开发，可将

课程设置分为文化基础课程、专业理论课程、技能实训课程和岗位训练课程。学生在学完文化基础课和基本专业理论课后，学习钳工、车工、维修电工、电子电气 4 个技能实训课程，不但要训练学生的动手操作能力，而且还要求学生取得相应的技工资格等级证书，这样有利于学校培养的学生更贴近于社会经济发展的需求。同时，开设的岗位实训项目主要是现代生产作业系统，通过工作过程开发生产性实训装备及满足工作任务的控制要求，这样才能具有真实的生产性功能，达到岗位训练目标。

（2）根据世界技能大赛的考核内容，提出技能教学方法。为使教学过程更加符合当代技校生的特点，突出技工技能培养，针对机电专业技工技能教学要求，提出技能教学方法把以学习课程为中心转变为以学会技术、完成任务为中心，以项目的形式体现其教学内容。世界技能大赛机电一体化项目的主要形式就是用 PLC 编程实现任务控制，所以，笔者在《PLC 原理与编程实例分析》课程教学中主要采用技能训练教学手段。以 PLC（S7-200）为例，首先让学生用学过的指令实现各种电气控制线路，模拟实现工业生产控制中的小项目，如工业洗衣机、自动轧钢线、邮件分拣系统等，然后在机电一体化实训台进行分块练习；熟练掌握每一个自动控制功能，最终目标是将其组合为能够实现不同生产要求的控制系统。这些技能训练都来自我们身边的生活和生产，学生对教学课题感兴趣，认识到所学的东西非常有用，能解决现实问题，学习热情自然高涨起来，从而学习的自觉性和主动性也随之提高。教师积极利用这一点，引导学生主动思维，开始由教师提出问题，激发学生的兴趣，引导学生分析问题、解决问题，再逐渐转变为学生提出问题、自行分析问题和解决问题。这样，不但提高了学生学习 PLC 知识的兴趣，而且还提高了学生分析问题和解决问题的能力。

（3）根据世界技能大赛出题形式，开展实训项目教学。纵观近几年世界技能大赛机电一体化项目的试题，都是模拟企业中自动化控制要求较高的流水线生产设备设定的控制要求。当然，对这些题目我们在平时教学中不可能遇到。但是对于这样的任务要求，可以拆分为几个子项目进行处理，这就是我们近年来研究的实训项目教学。笔者结合近几年的机电专业课教学实践，将实训内容划分成若干个可独立进行的实训项目。以《维修电工》课程为例，这门课有一个明显的特点，就是计算少、理解内容较多、动手能力训练项目较多。那么，如何使学生更快、更容易、更轻松地学好这门课程呢？笔者主要采用项目教学法进行技能训练，首先，要围绕专业人才培养目标和教学计划要求，根据实训室的具体条件设置维修电工实训项目。其次，按照基本技能训练、专业技能训练、综合应用训练进行分类（其中综合应用训练项目可独立设置为实训课程，如电机与电气控制）。实训项目可独立进行、要有完整的教学内容，并要求有成果展示。学生要根据实训项目的任务要求，包括实训目的、方法、步骤、要求、达到的标准以及所需的仪器、设备、工具、材料等进行独立的学习和训练。最后，学生完成实训项目并写出实训报告，教师要给出此次实训项目的评价。经过几年的教学摸索，结合平时的实际技能的等级考评经验，这种项目教学法使教学效果有了明显的提高。

（4）从世界技能大赛中发现问题，加强教师的实践能力。随着广州市经济社会的发展，市属各技工院校不断探索、推进办学新模式。在顶岗实习中，学生带着任务按照岗位技能的要求参加锻炼，企业按照准职工进行管理，让学生参与具体的生产实际操作，同时教师要与学生共同前往企业。这样，不仅把学生管理从学校延伸到企业，而且促进了一体化教师队伍建设，让学生和教师在企业技术人员的指导下熟悉掌握新知识、新技术和新工艺，在生产实践中得到锻炼，以提高学生的综合素质和职业能力。教师也可以接受新的专业知识和信息，掌握专业技术发展动态，了解企业和社会对本专业的需求。从世界技能大赛中发现问题并在企业实践中寻求学习路径和解决办法，这是提高教师参加企业实践的关键所在。另外，产学研结合是促进教师学习专业知识、提高专业素质和专业能力的有效途径。学校通过校企合作，积极开展技术攻关或产品研发，也可以利用本专业的技术力量，开展科技服务活动，培养教师的科研素质、创新能力和技术应用能力，提高教师的实践能力。

四、结语

通过本次赴台湾地区进行技能大赛备战经验学习，大家都感触良多、收获颇丰，对世界技能大赛也有了更加全面的认识。世界技能大赛是对技工教育成果的大检阅，它不仅引导人们重新认识技工教育，而且让社会重视和支持技工教育，技工学校以此可以促进教育模式和课程教学改革，以及进行人才培养、教师队伍和实训基地建设，形成“普教有高考，职教有大赛”的新局面。

台湾地区职业教育与技能大赛的特色与启示

刘建卫

2016年9月18日至24日，在广州市职业技术教研室主要负责人的带领下，本人随团赴台湾地区进行了为期7天的学习和交流，先后听取了台湾龙华科技大学特聘教授徐昊杲、世界技能大赛专家郑庆民、侯世光、林谦育、卓清松、赖荣秋的专题报告；分别到南港高工、大安高工、明德中学、台中高工、彰师附工、嘉仪高工等学校进行了实地调研交流。有机会、近距离地了解和感受台湾地区的职业教育和参加技能大赛的真实状况，感悟良多、受益匪浅。

一、台湾职业教育的特色

1. 职业教育体系完备，衔接通畅

台湾地区的教育相当发达，拥有包括职业学院在内的160余所大学，每年招生近11万人，在校学生总数70万人左右。由于大学多、容量大、生源少，岛内适龄青年几乎都有大学或职业学院可上，甚至出现学校“供过于求”的现象。

在台湾，职业教育被称为“技术及职业教育”，简称“技职教育”。其中，初中毕业后入学三年制的中等职业技术教育被称为“高职教育”，高职教育是台湾教育体系的重要组成部分，从20世纪70年代起，由于台湾地区的工业和商业迅速发展，农业劳动力大量地向第二、第三产业转移，产业类型转轨，需要大量的中等技术人才，这给台湾的高职教育提供了良好的发展机遇。从70年代始至90年代末，是台

湾中等职业教育的黄金期，技职体系学校数量直线上升，截至 2015 年年底，技职体系学校达 242 所，其中以技术型高级中学居多。在校学生数量迅速增长，职普学生比例在 1996 年达到最高峰为 7 ∶ 3，目前仍保持在 5 ∶ 5 左右。

台湾初中毕业生升学阶梯畅通。技职教育已形成从初级中学、高级职业学校、专科学校、技术学院及科技大学到研究所硕士、博士班的完整体系。

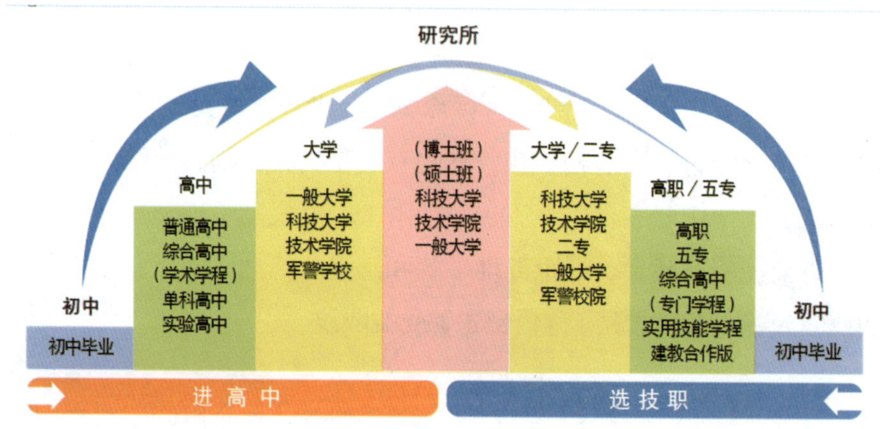

台湾地区的教育体系

台湾在构建职业教育体系过程中，既吸纳西方现代职业教育先进的理念，又借助东方儒家文化崇尚读书、追求学历的传统，成功地建立起与普通教育相互沟通、层次完善、弹性多元的现代职业教育体系。

（1）职普沟通。台湾地区学生在九年义务教育后分流进入普通高中、中等职业学校或五年专科学校。在高一级中学毕业后，又可以根据实际情况分流：普通高中毕业生既可以进入普通大学，也可以进入二年制专科、技术学院或科技大学（相当于高等职业学院）四年制本科学习。而高级工业职业学校（简称“高工”，相当于中等职业学校）的学生毕业后不仅可以进入二年制专科、技术学院或科技大学学习，还可以进入普通大学本科班学习。二年专科毕业后可以进入技术学院或普通大学附设的二年制本科班学习，五年专科毕业后也可进入技术学院二年制本科班学习。

（2）层次完善。目前台湾地区职业教育层次比较齐全，由高职（中等职业教育）、专科（二年专、五年专）、本科、硕士和博士 5 个层次组成，上下衔接、自成体系，与普通教育体系平行发展，齐头并进。因此，我们参观的几所公立“高工”大都以升学为导向，培养既有良好的技能素养又有较高的文化素养的技能人才。

（3）弹性多元。除了发展完善的全日制职业教育外，台湾的职业教育院校为满足更多不同类型的职业教育需求，在全日制办学的基础上也开设了日间部、夜间部及进修推广部等不同形式的职业教育，在师资配备、教学管理、学籍管理、学位管理等方面均与全日制教育相同。这种办学形式为在职人员培养第二专长和进行在职进修提供了渠道，在职人员能够充分利用业余时间不断深造，提升自身的职业素质和人文素质，彰显了台湾延伸职业教育、注重终身教育的理念，强化了职业院校和社会培训机构的在职进修功能，建立了高弹性的职业教育体系和终身教育体系。

2. 职业证照制度严格，等值互换

台湾形成了证书—文凭等值互换体系。台湾的职业证照分三级，即丙级、乙级、甲级，均可通过职业证照鉴定考试取得，对学生的升学、就业或就业后的加薪、职务晋升都有帮助。台湾当局制定的“职业训练法”规定，在加薪和录用技术人才时，丙、乙、甲三级证照分别等同于中等职业学校、专科、技术学院毕业等级。在有关政策的鼓励下，台湾各职业学校及学生个人都非常重视职业证照，在毕业时不仅要取得毕业证书，还要取得不同等级的职业证照。职业证照制度及多元文凭制度的建立和完善，不仅有利于学生和社会人士求学、就业和个人发展，同时树立了“学力重于学历”的观念，强化了职业教育注重实践的特色，注重以技能检验的方式考核职业教育的成效。

3. “产教携手”机制成熟，校企双赢

“产教携手”，在台湾地区最初被称为“建教合作”，是指企业界与院校合作，其目的在于培养企业所需的技术人才。“产教携手”强调理论与实践并重，根据学生的培养目标进行职业准备，学生在学校接受必需的学科及相关知识学习，在训练岗位接受就业所需的技能训练。除校内训练外，学生还有不同模式的职场实习，如“阶梯式”（一、二年级在校上课，三年级实习）、“轮调式”（一个班分成A、B两组，A组实习3个月，而B组在校上课，3个月后两组进行轮换）、“实习式”（利用假期进行校外实习）和“进修式”（白天在职场实习，晚上在校上课），实习成绩由实习单位和学校联合评定。台湾职业院校还特别注重研发，鼓励学生创新、发明和参赛、参展。例如，一些职业院校成立核心研发团队，多元争取研发项目，加强与产业园区合作，赴企业专题制作，举办专利成果展和专利竞赛，参加世界技能大赛等，取得的研究成果甚至进行了技术转让。据悉，这些成果及获奖记入学生的学分和教师的奖励，良性循环的人才培养链使学校和企业达到了“双赢”。

4. 养成教育潜移默化，深入人心

文明、规范、诚信、守纪的社会风气不是自然形成的，而是家庭、社会、学校共同教育的结果。在台湾短短的几天里，我们看到无论是校园还是街道社区，到处干干净净，路上无论是行人还是车辆都能自觉遵守交通规则。这种环境意识、规则意识从小渗透，逐渐形成良好的习惯，成为自觉的行为。本次走访的几个台湾地区的学校都非常重视培养学生为人处事、待人接物的礼仪和能力，培养学生文明诚信的品质，培养学生的集体意识和奉献精神等。例如，台中高工的校训是“诚、朴、宏、毅”，提出的教育目标是：充实专业技能，培养职业工作的基本能力；培养职业道德，养成敬业乐群、负责进取、勤劳服务等工作态度；提升人文及科学素养丰富生活内涵，并增进创造思考及

适应变迁的能力；培养继续进修的兴趣与能力，以奠定其职业生涯基础。大安高工的教育信念是：每个孩子都是可以教的，每个孩子都是独一无二的，教育是爱的体现与实践；未来的目标是全人教育、多元学习、艺术与人文并重。在台湾地区的职业学校看来，人文、艺术是人综合素质的重要组成部分，是人们追求幸福人生不可或缺的重要因素，因此他们看重的是一个人的“全人教育”而非某一部分的专业训练。

5. 家长委员会助推学校发展，行之有效

学校成立家长委员会，这是台湾地区教育的一大特色。家长委员会协助管理学校、参与学校重要活动、关心资助学校发展。每届家长委员会还可以代表学校对外进行联系、协调等工作，起到沟通桥梁作用。每届家长委员会由成员推荐产生一名会长，历届会长都被载入学校档案，因此能担任家长委员会的会长，必定有强烈的光荣感和责任感。本次参观嘉义高工时，该校家长委员会现任和前任会长均亲临现场接见，通过交谈能强烈感受到他们对学校的满腔热忱、对校长和教师推崇备至。家长委员会和学校的关系不是临时的、间断的、纯经济的关系，也不是点缀式的油水关系，而是长久的、连续的、全面的关系，是鱼和水的关系。家长委员会成为办好学校的社会基础，成为密切学校教育、家庭教育、社会教育行之有效的组织形式。

二、台湾地区技能大赛的特色

台湾地区各级各类职业技能大赛数量繁多，其中最具影响力的当属台湾地区技能大赛和世界技能大赛。

1. 参与世界技能大赛时间长，经验丰富

台湾地区于 1970 年以地区名义正式加入世界技能组织，并于 1971 年首次派选手参赛（第 20 届），迄今已参加了 23 届比赛，1993 年在台

北市世贸中心主办了第32届世界技能大赛。因此，台湾地区在世界技能大赛参赛、办赛方面都积累了非常丰富的经验。

为了选拔各职类最优秀选手参加世界技能大赛，台湾自1968年开始每年举办一次地区技能大赛，该项大赛为综合类职业技能大赛，每年都有大量来自各类职业院校、培训机构和企业的选手参加，是台湾地区职业教育和技能人才培养的年度盛事。台湾地区技能大赛最初仅有14个职类，为应对经济快速发展对技术人才的需求趋势及配合世界技能大赛，现已增加至45个职类，参赛选手从1968年第一届的268人至今已超过3 000人。

2. 大赛组织与国际接轨，成绩斐然

台湾地区参加世界技能大赛的成绩一直名列前茅。究其原因，与每年一届的台湾地区职业技能大赛及其组织形式、试题都与世界大赛接轨不无关系。台湾地区技能大赛由台湾当局劳动力发展主管部门举办，竞赛分初赛及决赛两阶段。初赛分北、中、南三区举办，三区各遴选参赛人数50%（成绩需达60分），再加上台湾工科技能大赛推荐选手或曾获台湾地区决赛的前三名，参加决赛。参与世界技能大赛选手的遴选方式为：上一年度台湾地区职业技能大赛决赛前三名选手与本年度台湾地区职业技能大赛决赛前三名选手再角逐一次，最终选出参与世界技能大赛的正选及备选选手，第一名为正选选手参与世界技能大赛（第二名为“备选选手”）。

正是经过层层遴选、优中选优，台湾地区选手在世界技能大赛中取得了十分优异的成绩，团体总分近几届连续进入前三名，成为世界技能大赛上的一支传统强队。

3. 注重世界技能大赛优秀选手经验的传承，长盛秘诀

台湾地区参加世界技能大赛的正选选手和备选选手经过将近一年的刻苦、系统、实战模拟训练，基本都能达到很高的竞技水平。走访

时，我们发现几个学校都有选手在训练，比如嘉仪高工汽车喷漆项目选手（2 位女选手）在学校独创的喷漆室内进行实战模拟训练，明德中学的美发项目和餐饮服务项目正选和备选选手都在有条不紊地训练。而在训练团队中，教练和裁判起到了至关重要的作用。特别值得一提的是，台湾十分重视优秀选手大赛经验的传承，上一届、上几届的世界技能大赛获奖选手，除了升学进修外，几乎都会被各职业院校或培训机构聘为大赛教练或裁判，担负起相关职类选手的训练工作。如给我们作专题报告的林谦育就是 2001 年第 36 届世界技能大赛铜牌获得者，十几年后，他指导的学生在 2015 年巴西举办的第 43 届世界技能大赛上获得了 1 金 3 铜的好成绩（其中阮培皓同学斩获冷冻空调项目金牌）。而作专题报告的侯世光、卓清松等教授更是林谦育当年参赛时的指导教师，赖荣秋、郑庆民等也是早年世界技能大赛奖牌获得者，他们一起都成长为台湾地区知名的世界技能大赛专家。正是一代接一代的世界技能大赛优秀选手经验的传承，才是确保台湾地区在世界技能大赛中长盛不衰的秘诀。

4. 获奖选手可获升学保送及职鉴免考资格，前景广阔

台湾地区的职业技能大赛还与升学进修和职业资格鉴定挂钩。在台湾地区技能大赛中获得前三名的选手，可获岛内各类职业院校、五专、二专、四技或大学相关科系进修的甄选保送资格，有望成为理论与技术兼备的中坚技术人才。而在该竞赛中成绩合格的选手在参加乙级、丙级或单一级技能鉴定时可获得相关科目的免考资格。

合理有效地利用职业技能大赛进行技能人才考核、鉴定和选拔，有利于台湾地区的职业技能培养始终保持在较高的水平，也有助于提升职业技能人才的声誉，进一步推动技能人才培养事业的发展。

三、台湾地区职业教育和技能大赛给我们的启示与借鉴

台湾地区职业教育和技能大赛一些可取的做法，无疑对我们广东

的职业教育和技能大赛有良好的借鉴作用。

1. 构筑普职互通“立交桥式”的职业教育体系

可借鉴台湾地区现代职业教育体系发展的先进经验，构建具有广东特色的职业教育体系。

一是积极构建独立完善的职业教育体系。通过发展各层级的职业教育，有意识地打造独立于普通教育之外完整的职业教育和升学体系，使职业教育形成一套自下而上的学业晋升制度，满足学生在职业教育体系中不同的发展需求；丰富职业教育的培养层次，明确“职业教育也应当有硕士、博士”的人才培养目标，提升职业教育的社会认可度。

二是实现职普互通。现代职业教育要打通从中职、专科、本科到研究生的上升通道，并引导一批普通本科高校向应用技术型高校转型，实现职业教育与普通教育之间的相互沟通和接转，为人才的流通和多元化发展提供便利，学生可以根据自身情况自由选择求学路径，满足人才培养和发展的需求。“立交桥”式教育体系可使职业教育与普通教育紧密结合，促进职业教育与普通教育的协调发展。

2. 加大产教结合的力度

可以借鉴台湾地区职业教育的教学模式，强化实践性教学环节。具体而言：

第一，建立职业学校生产实习实践基地，政府应给予大力的政策扶持和足够的资金投入。目前，政府在这方面介入的程度不够深，企业的积极性不够高，学校与企业油水分离的局面亟待打破，产教结合成为制约职业教育发展最大的瓶颈。

第二，建立和完善就业准入制度，企业招聘没有经过职业培训的员工，应给予相应的责罚，确保职场整体素质的提高。

第三，深化教学改革，加强实践性教学。学校教育要具有超前性，要做到意识超前、设备一流、人才拔尖。要舍得设备的投入和师资的培养，打铁还须自身硬。

3. 构建职业资格证书与文凭等值互换的多元评价体系

很多行业都已经推行职业资格证书制度，职业资格证书也成为考核和评定从业人员资质的重要标准。但职业资格证书由于自身的含金量不足，多数只能作为一张行业准入凭证，而不能保证持证人员的职业技能水平，其作用在评价和衡量人才方面还无法与学历证书相媲美。职业资格鉴定是保障从业人员职业资质的重要手段，应充分发挥人才考核与鉴定的作用，使其成为衡量职业技能人才是否优秀的重要评价依据。因此，一方面，要对职业资格鉴定的考核制度和方式进行改革，重点考核职业技能的实践操作能力，提升职业资格证书的含金量；同时，职业资格鉴定制度的各个环节必须做到严谨规范，杜绝鉴定考核出现“走过场”的现象。另一方面，要建立职业资格证书与学历证书的衔接机制，根据证书的等级和从业年限，持证人员的职业资格证书应能与相应的学历证书进行等值互换。这不仅可提升职业技能人才的学历层次，同时也可增强职业资格鉴定制度及职业资格证书的社会认可度，使职业资格证书真正成为优秀人才的重要凭证。

4. 发挥家长在职业教育中的作用

在台湾，我们可以看到家长委员会对学校教育有着巨大的推动作用。将家长委员会引入职业教育的构建体系，不仅有利于职业教育自身的发展，更有利于将家庭教育、学校教育乃至整个社会教育有机地结合起来，形成良性循环。具体做法建议如下：

第一，组建家长委员会，加强家校沟通。家长委员会可由学校代表和家长代表共同组成，后者占主导地位。家长是最了解学生的人，也是对学生最具影响力的人，家长的桥梁作用不仅能够让教师有的放矢地因材施教，而且对学校的管理和建设所提出的意见和建议，一定能起到拓宽学校眼界、提升办学成果的效果。

第二，家长委员会定期组织家长学习教育理论、更新教育观念。家长是学生的启蒙老师，因此他们的言行直接对孩子有着示范作用，家长通过定期的学习提高了自身素质也就是为孩子做了一个好的示范。通过学习，家长还能了解学校的教育模式和最新的教育理论，从而使学校教育与家庭教育形成良性互动。

第三，开展多元的家校联谊活动，使家长也成为学校教育的参与者。例如开展亲子职业规划设计比赛、亲子演讲比赛、亲子对话等活动，既融洽了家庭关系，又提升了孩子的学习兴趣。

5. 建立健全职业技能大赛制度

近年来，各级各类职业技能大赛如雨后春笋般进入人们的视野，但在蓬勃发展的同时也存在一些值得关注的问题，如种类繁杂、多头管理、制度缺失、本位主义严重等。针对职业技能大赛存在的问题，可以结合台湾地区开展技能大赛的先进经验。

一是要建立科学高效的职业大赛培养机制，从选拔、培训、竞赛、奖励等多方面进行规划和设置，保证每一个环节都科学严谨，使其真正成为技能人才培养的有力推手。

二是要树立寓教于赛的职业教育教学理念，将职业技能大赛融入日常职业教育教学中，通过竞赛方式强化学生所掌握的知识和技能，提升学习效率。

三是要充分发挥职业技能大赛的鉴定和选拔作用，通过竞赛考察和衡量技能人才的技术水平和职业院校的教学水平，使其成为职业教育评价体系的有益补充。职业技能大赛所营造出的竞技氛围能够提升学生学习和掌握职业技能的积极性，培养学生认真严谨、精益求精的职业精神；职业技能大赛广阔、开放的平台有利于各种先进技艺和理念的交流与学习，可推动职业技术技能的不断革新。

2017年4月，“同根同心”活动中香港初中及高小学生来广州市交通技师学院参观交流

广州市交通技师学院师生和香港初中及高小学生师生合影

东风本田广州培训中心广州市交通技师学院培训基地外景

东风本田广州培训中心广州市交通技师学院培训基地室内教学环境

美国宣伟汽车涂料广州训练中心广州市交通技师学院培训基地

美国宣伟汽车涂料广州训练中心广州市交通技师学院培训基地二楼教学室

宝马集团广州市交通技师学院太和培训基地外景

宝马集团广州市交通技师学院太和培训基地二楼教学环境

东风雪铁龙、东风标致广州市交通技师学院培训中心外景

东风雪铁龙、东风标致广州市交通技师学院培训中心室内教学环境

中国惠普广州市交通技师学院培训中心

智能服务人才合作培养基地广州市交通技师学院培训中心

实践篇

第九章　总结、实践与展望

境外研修先进教学理念总结

张智琴

近10年来，广州市交通技师学院共有98人次赴境外研修，研修内容包括：学校管理、课堂教学、技能实训、职业培训、校企合作等，依据学校的办学特点，派出专业骨干教师研修学习了汽车技术运用、交通运输与服务、物流与商贸、计算机、机电装备和信息技术等专业。他们的实地考察和学习，结合教学实践经验和遇到的问题、困惑，在执教理念、管理理念、专业知识和技能等方面都得到了拓宽和提高，开阔了视野，学习了先进职业教育理念。研修回来后，他们将学习所得融会贯通在实际教学和管理过程中，教师能力和水平得到明显的提升。适逢2018年是广州市交通技师学院建校40周年，特精选部分教师研修的文章，整理、编辑、出版，让广大教师了解和学习，接受国内外先进的教学理念和方法，打造一支德技艺兼修的高素质教师队伍。以下根据有关材料，对研修成果做总结性概述。

一、加拿大和美国职业教育概述

加拿大和美国的职业教育有一个共同的特点，就是以能力为本位，强调职业教育的学生技能的培养。

加拿大的职业教育用英文的3个字母来表示，叫作CBE模式，CBE就是以能力为本位的教学体系，这与研究型的综合大学以知识为主的教育体系是不同的。

美国职业教育的主要特点是社区学院体系，也是强调能力本位和终身教育。美国的社区学院职业教育体系一般是两年制的，拿副学士学位，也可以继续深造获得学士学位，学术和职业的学位是可以互通的。美国的经济和社会发展的特点明显区别于欧洲国家，其职业教育的典型特征是“生涯与技术教育”（CTE，Career Technical Education），即主要是为青少年与成人的就业和继续终身学习做准备的教育系统。在美国，1862 年第一次工业革命期间颁布的《莫雷尔法案》代表了职业教育体系的雏形，现代职业教育主要的特征来自 1917 年颁布的《斯密特—希尔斯法》，其颁布标志美国现代职业教育体系的最终确立，而 1963 年颁布的职业教育法影响最大，最终确立了美国现代职业教育的基本模式。

目前，美国职业教育可分为两大类。第一类属中学阶段，其教育机构有综合中学（高中）、职业技术中学和地区职业教育中心（学生半天到这里上职业课，半天在原校上文化课）。第二类属高中后阶段，也称技术教育，主要培养熟练工人和初级从业人员，其教育机构：一是社区学院、初级学院、技术学院等，属高等教育，根据当地需要设置专业，提供技术教育；二是地区职业学校，招收高中毕业生，只发结业证书，主要培养技术员；三是工厂企业办的职业技术学校。美国各州职业技术教育的内容不尽相同，大致分为 11 大类、250 多个项目，其中家政、贸易与工业、办公室工作、就业指导、工艺、农业、产品销售等，就读学生较多。职业教育和工商业有密切联系，在这方面，联邦、州、县三级职业咨询委员会起到了很大的作用。

目前美国最受欢迎的 CTE 在中等教育水平上主要包括：一是通过帮助学生获得基本技能、良好的生活习惯与态度、核心知识基础等，为学生进入中等教育或者高技能工作场所做准备；二是鼓励学生参与专门的学习组织或活动，以帮助他们为未来的教育、培训或者就业做出选择；三是确保那些选择高中毕业或者直接就业的学生，具备适应其职业领域的技能和知识。按照多元化目标的要求，美国目前不仅仅为立即就业的学生传授职业知识和技能，还为他们传授在工作实践中等教育都需要和受用的学术技能，灵活的课程设计吸引了更多的学生进行选修。除此之外，“教育准备计划”和“从学校到工作计划”也使得传统的接受学术教育的学生能够进入 CTE 课程学习。

纵观美国职业教育两百多年的发展史，不难发现它有着多方面的历史经验和发展特点，主要表现在如下 5 个方面。

（1）观念上认可职业教育的重要地位，使其成为整个国民教育体系的一个重要组成部分。美国职业教育发展史说明，在不同的历史时期都把职业教育看作整个国民教育体系的一个重要组成部分，是发展国民经济的一项必不可少的战略措施。因此，美国非常重视职业教育的发展。而职业教育又始终紧紧围绕以服务经济发展为中心来开展工作，并成为促进经济发展的有力杠杆，为美国的经济繁荣起到了巨大作用。这样相辅相成，不断强化重视职业教育的观念。

（2）国家通过立法给职业教育切实有效的保障。美国历来有重视教育立法的传统，办职业技术教育也不例外，它在各个历史时期均有不同的职业教育法令的颁布来推动、发展和巩固此类教育事业。

（3）制度建设上重视职业教育，从组织上建立起专门的管理机构。美国从联邦政府到各级地方政府都建立有职业教育委员会或有关的专门机构，来组织专职人员开展宏观决策和具体的微观政策落实工作。

（4）多渠道、多途径筹措资金支持职业教育，教育经费充足。美国职业教育的经费有联邦政府的拨款，有州、地方政府的专门开支，还有厂矿、企业和团体、个人的资助。解决好经费来源这一关键性的重大难题，是促使美国职业教育得以持续发展的经济基础和必要条件。

（5）努力提高职业教育教师队伍素质，从师资上创造条件扩大队伍、提高质量。在美国职业教育的发展过程中，很注重把稳定、扩大专业师资队伍，提高职业教育教师质量作为发展职业教育的重要手段来抓。为了培养一支合格的职业教育师资队伍，美国十分重视师资的职前和在职培训以及教师资格证书的考核审批。这些具体、实际的措施，对师资队伍的建设是十分必要而有效的。

二、德国和英国职业教育概述

职业教育的兴起和发展，是伴随着社会经济、产业的发展变革而变化发展的，现代职业教育是伴随着现代工业革命而兴起和发展的。众所周知，现代工业革命起源于英国等欧洲发达国家，工业革命带来的是对大量熟练产业工人的需求，对产业工人职业技能培训的需要带动了现代职业教育的兴起和发展。欧洲的职业教育走在世界前列，其发展体系健全，取得的一系列丰硕成果，得到世界的认可并值得学习。

学习和了解欧洲职业教育，对其起源和历程的了解很重要。欧洲古代学徒制被认为是职业教育的起源，而古代学徒制最先是由家庭教育演变而来的。最早的职业教育的雏形起源于公元 5—14 世纪上半叶，是欧洲封建社会形成和发展时期，随着农业生产水平的逐步提高，手工业和商业从农业中分离出来，家庭生产扩大化，仅靠自己子女的生产已经不能满足需求，遂招收贫困家庭的孩子作为学徒，这样一个家庭就成了教育场所。随着城市手工业的发展，家庭学徒制逐渐变成行会学徒制。为了成为一个独立的手工业者，年轻人必须去做学徒，经受长时间的训练和严格的考核，手工业从业者自作坊或者农场由学徒开始接受教育，从而获得一份独立的工作。学徒这一形式的职业教育雏形在中世纪到了鼎盛时期。

随着工业革命和产业变革的兴起，职业教育跨过古代学徒制这一历史传统阶段，开始迈向现代职业教育阶段。尤其是在第二次世界大战结束之后，欧洲各国百废待兴，急需提供大量合格的产业劳动者，以德国和英国为代表的资本主义国家的经济迅速增长，现代职业教育的发展和贡献功不可没。其中英国 1944 年颁布的战后教育改革法案《巴特勒教育法案》，以及 1969 年德国颁布的《联邦职业教育法》被看作最具代表性的现代职业教育体系正式确立的里程碑，目前被业界广泛称道的德国“双元制”职业教育和英国现代“学徒制”职业教育就是在这一阶段形成并逐渐发展起来的。

1. 德国“双元制”职业教育体系

德国以较快的工业化步伐进入20世纪，世纪之初“双元制”职业教育体系已初步形成，但是还没有发展就遇到了重创——第二次世界大战，德国在战争中损失惨重。战争结束后，德国人开始思考如何重建家园并着手整个教育事业的重建与恢复工作，其中包括尽快恢复职业教育及第二次世界大战期间被关闭的职业学校。德国把科学技术视为强国之本，德国前总统赫尔佐格曾说，为保持经济竞争力，德国需要的不是更多博士，而是更多技师。德国制造业的成就归功于其政府对职业教育的大量投入和全社会对技工的尊重。“双元制”职业教育是德国现代职业教育的象征和符号，是一种企业和学校共同培养学生、以企业培训为主、学生理论学习与实践培训相结合的职业教育培养模式。德国职业教育从社会培训机构到“双元制”学校教学，既满足了社会发展对人才培养的需求，又满足了不同层次人群对职业教育的选择要求。

20世纪70年代以后，德国职业教育理念受到了一定程度的冲击，主要是产业结构的不断升级使产业工人必须掌握更多的知识，传统职业教育难以满足这一要求。这促使新的教育体系的形成，新体系主要是通过将职业教育并入高等教育体系实现的。由于“双元制”职业教育的存在，德国在第二次世界大战后高等教育发展缓慢，大学生入学率低于其他发达国家，高等教育受到了民众诸多批评。在此背景下，德国改革了高等教育，改革的主要内容是增加大学的数量以及增加大学招生的数量。随着改革的进行，德国大学生数量迅速增加，使其高等教育迅速由精英型转变成为大众型。高等教育的迅速扩张也不可避免地带来了诸如师资力量不足、学生质量下降等一系列问题，更主要的问题是带来了对“洪堡理念”（德国高等教育改革家所提出的教育理念）的挑战。德国1976年制定的高等教育大纲法规定，高等教育的目的首先是“为各种职业做准备，传授必要的专业知识、技能和方法”。

但是德国并没有丢弃洪堡传统。实际上在 80 年代，德国的大学已经明显分为两种类型：一种类型是 20 世纪 60 年代以前建立的大学，仍然以研究为主，并不直接提供就业所需的各种技能；另一种类型是在高等教育改革后新建立以及由各类职业、专业技术学校升级的大学、高等职业技术学院，这些院校主要面向职业，提供各种实用性课程，学生仍然通过传统的“双元制”体系前往工厂或生产一线实习。

梳理德国职业教育的发展演变可以看到，德国职业教育发展是一个自然历史过程，具有自己的特点，主要表现在以下几个方面。

（1）以产业为导向。德国的职业教育始终反映产业的导向性，也充分体现在职业教育的各个环节。如在职业资格标准的确定以及课程开发上，德国建立了由最富有代表性的企业参加的全国性的“职业资格早期检测监测系统”，由它们收集数据并提供标准制定建议。德国经济部还每年颁布一次“国家承认的职业培训”的名称和数量，并且会随着产业的变化对从业者的资格不断提出新的要求。这使得德国的职业培训能够根据产业结构的调整而调整，学生能够跟上产业结构调整的步伐。

（2）以企业为主导。在德国的职业教育体系中，企业居主导地位而职业学校则处于从属地位，这是德国职业教育长期演变的结果。从学生的身份上看，学生从中学毕业到进入职业学校前，首先要与一家企业签订具有法律效力的职业培训合同，然后由企业与学校签约。这样，学生的身份首先是该企业的学徒，其次才是职业学校的学生。从课程设计与考核上来看，学生主要是在工厂中进行企业培训，由企业负责为学生制订完整的培训计划。职业学校主要是进行理论知识学习，而且理论知识的学习课程，也全部由企业与学校共同参与制定。

（3）重视学生实践能力的培养。职业学校教学的主要目的是培养具有高水平操作能力同时兼具一定理论知识的高水平技术工人，这就决定了职业教育十分重视学生的实践能力。以目前典型的“双元制”职业学校为例，学生一般三分之二的时间在企业的岗位或实训车间进行技能训练，三分之一的时间在学校学习理论知识。为了保证学生的实践动手能力，德国对职业教育教师要求严格，企业的培训指导员必须是在专业领域中经验丰富的高级技工，职业学校教师则必须按照国家规定的教师职业资格要求进入大学学习，通过理论考试和实践环节考核后，才能够任职。

（4）完善的教育体系。德国的职业教育，不单单是职业技术学校与产业界的结合，同时也是完整的教育体系中的一部分。由于德国具有重视技术工人的优良传统，区别于英国、法国和我国选择职业教育是很多无法进入大学的学生们的无奈选择，学生在初等教育结束后就开始根据自己的兴趣选择分流进入学术性更强的文理中学，或者进入职业导向性更强的实科中学与主体中学。为了保证学生不因过早分流而失去选择的机会，德国允许学生在各种职业教育与高等教育之间进行转换。完善的教育体系使学生可以根据自己的兴趣和职业前景选择接受不同种类的教育，保证了人力资源的合理配置，避免了人力资源的浪费。

2. 英国现代“学徒制”职业教育体系

英国现代“学徒制”的起源，可以追溯到900多年以前，其职业教育取得了令世人赞叹的成绩。英国现代“学徒制”是在全社会就业和技术进步的“大职业教育”角度来研究和实施的，其经验值得思考和借鉴。

英国是一个学术传统浓厚的国家，重学术轻技术、重学位轻职业资格的观念根深蒂固。英国政府为了大力发展职业教育，在全国范围内大张旗鼓地开展了职业教育的宣传工作，还从教育体制和就业制度的完善上下功夫，大刀阔斧地进行改革。英国的教育大致分为4个阶段：为4岁以下儿童提供免费义务教育；5 ~ 16岁（小学到高中）为义务教育；16 ~ 18岁的青年不再享受义务教育，但由高中、继续教育学院或工作场所负责为该年龄段的青年提供教育和培训，实现职业教育，成人教育是指在高等院校、继续教育学院及工作场所为 18 岁以上成年人提供的教育和培训，受教育者可获得职业资格证书或学业资格证书，直至获得研究生学位。英国的职业教育具有 8 个方面的特点。

（1）英国现代“学徒制”的制度保障。首先，打通职业教育与学科教育，实现大学各级学位教育之间的联系，把职业教育摆到与学科教育、各级学位教育完全平等的地位是英国“学徒制”最典型的特点。为了实现这一目标，英国通过国家立法确立了以下制度保障：

1）政府允许职业教育与普通的学科教育之间互相转学。即中学毕业后（16 岁后），学生可以选择进普通学校（ALEVELS）继续学习，也可以选择职业技术学校按 GNVQ 或 NVQ 学习，这三者之间可以互相转学。

2）接受职业教育获得 GNVQ 高级证书或 NVQ 三级证书者，既可以就业，也可以免试直接升入大学攻读学士学位。

3）可以继续沿着职业教育的途径取得 NVQ 四级、五级证书，其学历资格相当于学士学位。之后，还可以再攻读硕士、博士学位。这从根本上改变了社会鄙视职业教育的传统观念。

其次，行政上进一步理顺。1995 年以前，职业教育是分别由教育部和就业部负责的。普通教育与职业教育之间、教育与就业之间彼此分立、脱节，产生了诸多矛盾和困难。为了改变这种状况，提高职业教育的地位，使整个教育与职业教育更加紧密地结合起来，更好地解决教育与就业之间的衔接和过渡，英国政府将教育部和就业部合并为教育与就业部，统一管理全国的教育，包括职业教育与就业工作。

最后，就业制度突出了职业教育的重要地位。就业制度规定新就业或重新就业人员都必须有相应的 GNVQ 或 NVQ 证书，企业的技术岗位只能雇用有相应等级的 GNVQ 或 NVQ 证书人员。政府对参与 GNVQ、NVQ 学习与培训的人员，给予经费支持。对企业雇用有证书人员和实施职业教育制度有成效者，给予表彰奖励，在税收政策上也有一定的优惠。政府还通过调整工资政策，拉开有 GNVQ、NVQ 证书与无证书者之间的差距。这些改革措施，有力地冲击了“学位至上”的传统观念。“用人主要不是看他取得什么（学历），而要看他能干什么（技能）。”这种新的就业和用人观念已经被广泛接受，成为社会的共识。

（2）校企合作，企业发挥着重要的作用。首先，英国企业为学生提供实训基地和灵活的教学内容，通过严格的技术训练培养学生的职业能力。这样，学生步入社会后能够很快融入工作环境中，缩短了学生技能与工作岗位的适应期与磨合期，实现了学校课程与社会的零距离。其次，校企合作也带来了职业教育师资力量的改善，职业学校的很多教师都是来自工作第一线的工程师和专家，拥有熟练的实际操作技能和深厚的理论知识。再次，校企合作还体现在企业参与职业教育学校其他方面的工作，如定期组织不同领域最好的企业家开发国家职业标准，然后再组织最好的教育工作者按企业家开发的标准进行审定和讨论，最后，开发出相应的课程等。在我们教师的考察期间，时时处处都能感受到他们学校建设与产业发展那种共融共生、息息相关的强烈意识和行为规范。企业雇主参加职业教育的管理，参与制定国家专业证书标准，参与对职业技术学院的质量评估和开设专业课程的研究，接受学生到企业实习或安排“三明治式”教学，提供部分教育经费，推荐雇员和其他中小雇主参加职业教育学习。学校也完全是根据企业的需要来设置专业和课程，培养合格人才。

（3）重视实验室和实习训练场所的建设。参加全日制GNVQ或NVQ学习的学生，其技能训练主要在校内完成。因此他们十分重视校内实验、实习场所及其设施建设。

（4）学校有充分的办学自主权，教学方式灵活多样。英国职业教育一般面向社区，开设的专业完全是根据当地的工业、商业、服务业的实际需要而确定的，具有明确的服务于地方经济的特点。学校设置哪些专业和开设哪些课程，事先要多次调查，反复征询有关企事业单位的意见，然后进行评价，再报地方委员会批准。有的专业每年招生，有的专业隔一年招生，有的专业隔两年招生，如发现劳动力市场某类技术人员过剩，即报教育委员会批准停止招生。他们总是立足于社区，服务人才市场需求，基本做到布局分散、入学条件宽松、收费低廉、课程实用性强和灵活性大，能适应各种类型学生的不同需要。现在英国普遍实行“三明治式”教育体制，即学生一段时间在校学习，一段时间到工厂实习和工读交替进行的教学计划。他们的这种教学模式，能够比较有效地把工程设计、研究、实验与教学融为一体，使学生能在所选择的典型工业环境中学习，并伴有各种社会、经济、生产革新等活动，它不仅给学生提供适当的理论知识并与实践相结合，还能使学生在做好就业准备时，具有较高的技能和创造力。

英国职业教育的灵活性还体现在部分时间制的职业教育形式上：第一种是“一日停工就读制”，是指各企业中18岁以下的工作者，每周停工一日，到教育机构接受技术及职业教育；第二种是“长期停工就读制”，是指各企业单位让工人停工12周左右，参与进修学习技术及职业教育课程，以准备参加相关的技术及职业文凭考试；第三种是“三明治式”课程，是职业教育与工作训练交替实施的课程。这样的做法，能够有效地缓解工学矛盾，并通过法律形式得到了保障。

（5）大力推行国家职业资格证书制度。1986年，英国成立了职业资格证书全国委员会，负责制定落实全国统一的职业资格证书新框架，使全英分散的部门或地方自行颁发的职业岗位证书统一起来，并建立了平等互换的关系。该框架共包括三类证书：一类是普通教育范畴的中等教育普通证书和高等教育普通证书；另一类是完全针对就业岗位需要的国家级职业证书；还有一类是介于前两者之间，兼有普通教育和职业教育特点的、适合16岁以上学生升学或就业需要的国家级普通职业证书。

同时，把职业资格归入11个类别的5个资格等级之中。学校能否授予以及授予什么样的证书，必须经过职业资格证书全国委员会的同意。因此，各学校必须在办学特色上下功夫，才能保证其生存以及发展。

（6）实行董事会制的办学体制。继续教育学院作为职业技术教育培训的主要承担者，在推行国家职业资格证书制度中发挥着重要作用。1993 年 4 月，继续教育学院不再属于地方教育主管部门，成为自主办学、独立经营的实体，办学管理实现董事会制度。一般由董事会负责确定学院的办学方针并监督其实行；有效地利用学院设备和资金，通过学院收支预算、任免学院高级职员以及确立其工资及工作职责等。作为法人代表，学院只有以下权力：招收 16 岁以上的人提供教育和培训、聘用学院员工、自主与其他单位签订协议、管理学院财产和经费、扩展教育培训范围、开展技术咨询服务与当地政府联合办企业等。独立的教育实体机制，使学院内部管理发生了较大变化，进一步鼓励了学院拓宽发展空间。

（7）职业教育与普通教育并重发展，实现有机对接。英国职业教育经过多年的不断改革完善，不再将职业教育作为学业失败与经济水平低下的学生所选择的教育种类，而是将职业教育与普通教育置于同等位置，给予相同的社会待遇，并且将职业教育的普及程度作为评价国家经济发达程度的新标准。在英国，学生义务教育结束后可以有三条宽敞的出口：一是参加国家职业资格（NVQ）考试，直接就业；二是参加高级普通教育证书 A Level 考试，升入大学；三是参加普通国家职业资格（GNVQ）考试，进入高等职业院校学习。这三类证书在国家资格框架内相互融通。例如，国家职业资格 5 个等级一至五级与普通教育证书（文凭）的对应关系分别为中等教育证书成绩 D 至 G、中等教育证书成绩 A 至 C、高级水平证书、普通教育证书的学士学位、普通教育证书的硕士学位和博士学位。

2002 年，英国教育与技能部在《14 岁至 19 岁——更多机会、更高水准》的咨询报告中，提出了延长义务教育时间、推进职业教育、提高劳动者素质的方案。该报告打破职业教育与普通教育的界限，义务教育阶段的普通教育证书（GCSE）和高中阶段的高级水平普通教育证书（A 级）文凭不再分为职业的或学术的，而是具有同等地位；建立职业教育和普通教育的混合考试机制，鼓励学生在 14 岁到 16 岁阶段按兴趣选择职业方向；既可以选普通学术科目，也可以选职业类科目，鼓励青少年积极参加职业技能方面的学习及广泛的课外活动，在国家课程中增加职业类课程的比重和职业指导内容等。

在英国，学生获取职业资格证书并不意味着学习生涯的终结，他们还可以进入大学继续学习深造。通常，英国高校根据普通教育证书（GCSE）、普通国家职业资格（GNVQ）和普通苏格兰职业资格（GSVQ）录取学生，而且，从英国的考试制度也能反映对职业教育的重视。在英国，多种考试齐头并进，既有为升大学做准备的基础教育阶段的普通中等教育证书考试（GCSE），也有高级水平的普通教育证书考试（A Level），还有普通国家职业资格考试（GNVQ）。如果高中毕业的学生获取了一定的职业教育课程的学分，他既可以进入高等职业院校学习，也可以直接就业，具有很强的灵活性。

（8）强化学生技能训练，着力实施核心技能教育。英国的职业教育以培养学生实用的技能为目标，职业院校的理论教学本着够用即可的原则，更多是动手能力和技能的培养。英国还着力实施核心技能教育，包括交流能力、数字运用能力、信息处理能力、合作能力、改进自身学习和行为能力、解决问题能力等六大项，它不仅是普通教育的核心，也是全面推行国家职业资格证书制度的基础。英国的整个职业教育体系基本与普通教育体系形成了有机的对接，从制度体制上保证了职业教育的健康快速发展。

三、新西兰和澳大利亚职业教育概述

新西兰和澳大利亚都是英联邦国家，属于发达国家，它们的职业教育体系有着明显的英国职业教育体系的影子。澳大利亚的职业教育与培训基本上是在照搬英国的做法，主要的特点是“新学徒制”的职业教育体制，采用 TAFE 学院模式的运营理念。新西兰亦然，也是在“新学徒制”的基础上发展出自己的特点。

大洋洲这两个国家的职业教育，都是通过颁布国家资格框架、质量培训框架以及培训包，建立起一个完备统一的国家职业技能认证体系。其中学历文凭与职业资格证书实行全国统一标准，两者可以互认，在升学时职业资格证书和学历证书具有同等效力，使得职业教育成为国家教育体系的重要组成部分。

1. 新西兰职业教育体系

新西兰的职业教育与培训按其办学形式可以分为三类：一是国家与州政府联办；二是社团投资开办；三是私人投资与企业内部培训。按其教育层次又可分为三大类：一是学位层次，一般为学士学位；二是学历层次，其中包括初级学历证书，相当于我国的中专，中级以上学历相当于我国的大专；三是证书层次，它包括国际通用公认证书、国家专业证书和学院结业证书或学习证明。学制也要根据课程的具体要求来确定其时间的长短，比较自由灵活，这种自由度主要取决于新西兰每人平均多达 4 ～ 5 种职业的变化，这种职业的非终身制，自然而然使得院校的入学口径很宽，学生的年龄差别也很大。

（1）新西兰的行业培训机构（ITO）。行业培训机构保证资格体制满足雇主的需要，在评定资格体制时起了非常重要的作用，通常承担资格体制的在职培训部分。许多 1 ～ 6 级水平资格体制都有学徒期，要求学生进行就业。

（2）新西兰资格体制（NZQF）框架的特点。所有资格体制一旦被新西兰资格认证局开发和同意，将被列入新西兰资格体制框架，获得资格体制的学习项目必须满足要求。新西兰资格体制是根据市场需求设计的，但根据国际市场需进行改编。一个项目的级别表示其级别的难度，资格证书涉及 1 ～ 7 级资格体制，但一般为 1 ～ 4 级。其中，5 ～ 7 级资格水平为学历证书。国家资格体制框架中，其职业教育的层次结构是将义务教育阶段的第 11 年级之后的各种学历教育和培训及相对应的学历、文凭和职业资格，由国家的专门机构按应具备的知识技能、职业能力或学术水平、基本学制年限、学历学位层次等方面划分为 10 个水平级。每个级别均有相应的国家资格标准，同时也对应着一定的经国家认证的资格证书、文凭及学位。其中，1 ~ 4 级为资格证书培训（含大学的预备教育），4 ~ 6 级为文凭教育（相当于专科层次），5 ~ 8 级为学位教育（相当于本科，授学士学位），8 ~ 10 级为研究生教育。按职业教育的一般分类，新西兰职业教育大体分布在其 1 ~ 8 级的区域，但其主体为 1 ~ 6 级各种教育和培训。其中 1 ~ 4 级的培训相当于我国的中等职业教育与培训，5 ~ 8 级相当于我国的高等职业教育。但 5 ~ 8 级由于培养目标的不同，为普通高等教育与高等职业教育的并存区间。该资格框架中每一级资格要求十分明确，不同层级资格之间要求相互衔接、必须相互承认，并且允许在资格框架内学分间相互转换。学生可根据自己的资格条件、职业方面、学习能力、兴趣爱好等情况，选择具体的学历层次、课程和学习内容。

（3）新西兰职业教育的主要特点：

1）灵活的市场运作机制和拨款方式。新西兰的教育体制中的层次分为小学、中学和大学。大学的领导机构是高等教育委员会，负责统筹管理使用教育经费，根据学校折合成全日制的注册学生人数、教师人数、课程类别和学校教学质量及社会影响等实行总额拨款。无论公立、私立，无论学校大小一视同仁，根据不同的专业给学校拨款。每所学校招生计划很灵活，但各个专业的学费是相同的。各类学校及培训机构教学质量评估、高等职业教育经费拨款都以劳动力市场的“就业率”为依据，产业部门“满意率”为唯一标准。国家对学生毕业后的专业就业对口率进行跟踪，如毕业后学生所从事的工作与专业不对口，就会减少拨款。例如，学生学的专业是工程方面，国家拨款是 2 000 新币，毕业后找的工作不是工程类，那么拨款就会减到 1 000 新币。

2）建立健全的国家学术和职业资格认证制度。新西兰职业教育在行政管理上的一大特色，就是国家设专门的机构，归口管理职业资格框架的制定和资格的认证。国家资格认证局（NZQA）是国家学历学位和职业资格认证的主管部门，主要职责是负责管理国家学历、学位和各种证书教育的资格认证。它是独立地制定标准、认证资格、审批注册有关教育和培训机构的国家行政机构，在审批认证各类课程资格标准过程中，一方面注重国家的产业结构和就业结构需求，另一方面吸收有关工商企业界和用人部门的工程技术人员、专家参与起草、审核、评估和论证。

3）严格高等职业教育质量评估体制。新西兰质量保证署属于政府机构，它的主要职责是对当前的一些质量保证机构进行授权与调控，使它们升格为质量认可处，保证它们能够对院校进行有效、公平的质量认可与检查。质量认可处在性质上介于官办与民办之间，负责对新设院校的课程、内部组织、财政和质量保证体制等进行评估和认可，同时对所有学校进行不定期的质量检查，组织和培训专家对学校、专业和课程进行外部评估，利用评估报告和结果，保证高等教育的质量，为政府的决策提供依据。因此，评估机构制定的评估标准、评估方式和评估结果一般不受政府的干预，以保证评估的客观公正性，从而通过这种评估有效地保障了新西兰高等职业教育的发展。

4）无缝对接和终身学习的体制。尽管新西兰对教育与培训有严格的水平级别划分，但国家资格体制框架总体概念是无缝对接和终身学习的体制，同一专业方向从证书培训到学位教育各类课程设置有着密切的内在联系，层次、水平、内容是递进和包含关系。同时，各类教育与培训之间也没有严格的界限与限制，可以先获取证书，积累一定的学分或修完一定的课程，再学习文凭或学位课程。也可以先拿到某一文凭，再学习其他专业领域的证书课程或再学习其他文凭、学位课程，只要是课程或内容相同，已有的学分在各类学校或培训机构之间均互相承认。新西兰的国家资格框架明确了不同层级资格的标准。

2. 澳大利亚职业教育体系

TAFE（Technical And Further Education）中文的意思是职业技术教

育，是澳大利亚政府直接领导下的技术和继续教育体制的简称。它是澳大利亚政府为了解决学校人才培养与就业市场之间的接口问题而建立的一个教育体系，是建立在终身教育理念基础上的具有鲜明特色的职业教育制度，旨在为各企业培养具有很强实践能力的人才。

澳大利亚的技术与继续教育设有11所学院、100多所专科学校，每年约有45万多名学生接受TAFE教育。TAFE是全国性认可与互通的职业培训教育体制，虽然各州的TAFE有各自的行政体系、课程设置，但它们的性质和特点是一致的，主要提供专业技能的训练课程，大部分课程都具有实用性。TAFE的很多课程是与工业团体共同开办的，课程设置根据工业集团的需要开设，以确保提供最切合实际的训练和最新的专业信息。TAFE所有的文凭资格是全国互通与承认的，因为TAFE教学质量非常高，得到了各界的认可，也受到各大学的认可，学生继续攻读大学学位时可以免修部分学分。

TAFE招生没有年龄限制。在澳大利亚，政府鼓励人们不断学习，学生群体中既有十几岁的中学毕业生，也有七八十岁的老人，只要参与学习，TAFE就提供一切机会和便利。

TAFE体系的特点：

（1）TAFE的教学模式是以学生为中心，实践第一。TAFE各学院设有实践课和理论课，但以实践课为主、理论为辅。大部分职业培训都是以现场教学代替课堂教学，参加培训的学员都是在实习场地而不是在课堂进行学习。教师进行现场教学，边讲解边指导，学生根据教师讲解的内容和指导进行实际操作。如西餐厨师培训的学生操作间和教室设在同一场地，教师讲授完，学生马上进行实际操作，把传授的知识当场用于实践。学生学习的过程就是实践的过程，实践的过程就是学习的过程。不论是理论课还是实践课，他们的课堂教学模式均是以学生为主体，以实践为主线，以提高实际能力为目标。

（2）TAFE通常都没有固定的教材。课程设置、教学内容、培训专业都是根据地方经济、社会需求、行业需要等设置，教师根据联邦政府国家培训管理局和州教育培训部总体规划及评估内容和标准选择教材，随时调整教学内容。这给予各学院极大的灵活性和自主性，同时学制和学习时间都采用灵活机动的方式，给学员提供了极大的方便。能力培训是 TAFE 职业培训体系的主要特色，其培养目标不在于学生在课堂教学过程中学习了什么，学会了什么，掌握了哪些理论知识，而是学生经过培训后能够做什么。所以，对学生的评估不仅仅着眼于学生知识的考评，而更注重实践考核，强调学生的动手能力、实践能力和操作能力。考试一般为现场实际操作，评估者根据考生的效度、速度、操作中的应变能力等进行全面审核和评估，所以评估过程具有极强的实践性。这本身对于教师的要求也是非常高的，需要教师掌握丰富的实践经验和考核技巧。

（3）TAFE 的师资队伍主要是由专职和兼职两部分组成。政府对职业教育教师要求相当严格，规定职业教育教师要有广泛的生产、生活阅历，合适的学术资格，尤其重要的是具有教师资格。如 TAFE 各学院对教师的知识、技能、素质的要求十分严格和明确：一是任教者要取得所授专业的大学本科文凭；二是任教者要取得教育专业的本科文凭；三是任教者要有 3 ～ 5 年与专业教学相关的行业实践工作经验，或经过培训并取得行业四级证书。除此之外，还必须掌握熟练的教学方法，而且专任教师需要经常回到企业去锻炼，接触掌握最新的行业技术等。

四、日本和新加坡职业教育概述

日本和新加坡在第二次世界大战之后，发生了世界性产业转移和分工，经济产业的重新分布和变化促进经济社会的大发展，也促进了现代职业教育的迅猛发展。日本和新加坡职业教育的最典型特征是充分融合和开放亚洲的产业经济和社会文化，其发展变化是在产业变革过程中学习和借鉴欧美发达国家职业教育先进理念的过程。

1. 多样开放的日本职业教育体系

日本的职业教育起源于明治维新时期，经过一百多年的发展，特别是向欧美发达国家学习之后，如今已经成为世界上职业教育较为发达的国家之一，形成了具有鲜明特色的多样开放的职业教育体系，先进的现代职业教育为日本社会和经济发展提供了各级各类技术管理人才和熟练的产业工人，不仅使日本由一个贫弱的小国跃升为世界强国，也使得日本经济在第二次世界大战后得以迅速恢复和发展，取得了令人惊叹的经济成就。

日本政府一向重视发展职业教育，1951 年 6 月颁布的《产业教育振兴法》对职业教育的发展起到了重要作用。日本职业教育经过百年时间不断改革、发展和完善，打破了中等职业教育和高等职业教育、职业教育和普通教育、学校职业教育和社会职业教育之间的封闭状态，形成了由学校职业教育体系（包括专业高中、综合高中、专修学校、高等专科学校、短期大学、技术科学大学和专业研究生教育机构）和社会职业教育体系（包括公共职业训练和企业内教育体系）构成的多层次、多类型、高效的现代职业教育体系，其主要特点体现在如下 6 个方面。

（1）建立多层次、多类型、开放贯通的职业教育体系。日本职业教育是由学校职业教育系统和社会职业教育系统构成的，适用各阶段的经济发展、开放贯通、形式灵活的多层次、多类型的职业教育体系。这一体系是日本在不同时期，随着经济发展，在国家教育主管部门主导作用下，学校形式的职业教育和企业培训、社会职业训练三者之间相互结合、补充，一步一步发展完善而成的。

（2）推进机制创新，鼓励私人发展职业教育。在日本职业教育机构中，有很大一部分属于私人办学。比如日本高职院校，除了高等专科学校是国立外，短期大学和专门学校绝大部分都是私立的，其比例可达 90% 以上。以私立学校为主的多元化办学格局能最大限度地调动民间教育资源，充分满足学生需求，而且私立学校在专业设置上贴合市场需求、适应性强，使职业教育的灵活性和实用性得到大大加强。

（3）建立与普通高校学位相衔接的高职学位制度。日本学位制度从20世纪90年代开始，经过历次改革后日益成熟。1991年开始，授予两年制短期大学和五年制初中起点的高等专门学校毕业生准学士学位，1995年开始授予修完专门课程者专门士学位（相当于准学士），2005年将短期大学准学士改为短期大学士学位，又增设高度专门士学位（相当于学士）。这些学位的设置为高职学生继续深造提供了向上的通道，架起了各类教育、各级学位之间的“立交桥”，而且在应聘国家公务员等方面赋予了同等待遇，提高了高职学生的社会地位。

（4）加强职业学历证书与职业资格证书双证之间的衔接。日本专修学校的产生发展与职业资格制度密不可分，由于职业资格与就业的密切联系，如今短期大学和高等专门学校也把职业资格再教育作为发展的重点，而且职业资格教育不仅限于学校教育，许多企业自身也设有职业资格培训考核部门。日本企业行业参与职业资格认定，对职业资格证书制度的推行起到了重要作用。专业教育与职业资格教育的紧密融合确保了日本高职教育与市场的紧密对接，提升了日本高职教育的教学质量。学历证书与职业资格证书双证融合也使得日本高职毕业生在就业竞争中获得了更多的资源，这种做法非常值得借鉴。

（5）发挥政府引导协调作用，加强校企合作，实现双方共赢。日本职业教育从发展之初，就与行业企业密不可分。比如高等专门学校就是顺应行业企业的要求而专门设立的，学校与行业企业之间的校企合作十分普遍，特别是大型企业更加重视与学校之间的合作。校企合作的成功与法规的有力支持是分不开的，如1995年颁布的《科学技术基本法》和2000年颁布的《生产技术力量强化法》，不仅明确了国家、地方政府、大学与企业经营者在合作中的职责，而且从法律上保证了合作资金的来源和企业参与合作的利益。在校企合作实施过程中，日本政府先后通过设立中介机构、技术转让机构，出台相关制度，为学校和企业间搭建了合作平台，协调校企合作关系，实现校企双方的利益平衡，取得了明显效果。

（6）加快建设职业教育法律法规体系。日本政府非常重视职业教育的立法，根据经济社会发展需要，适时不断调整与修订相关职业教育法律法规，为职业教育改革的发展指明方向。日本以立法形式把国家和各级政府对职业教育的基本方针和重大政策固定下来，保障了职业教育的规范化、法制化，使得职业教育有章可循、有据可依，提高了执行的效率，减少了失误。日本的职业教育法律法规体系十分完善，各类法律文件种类齐全、操作性强，而且实施有力，职业教育立法既根植于时代背景又注重解决现实问题。日本职业教育经过长期的法制化建设，在规模、层次、质量和效益等方面都走在了世界前列。从1868年至今，日本政府所制定的各类职业教育法律法规多达100多种，其中既有《实业学校令》这样的基本法规，又有《工业学校规程》《实业教育国库补助法》之类的单向法规，充分体现了国家意志和对职业教育发展方向的把握。

2. 新加坡职业教育体系

新加坡经济的腾飞带有显著的“国家资本主义”的特点，体现在职业教育方面，其发展也带有明显的国家意志，因此发展得极其成功。新加坡的经济、教育在亚洲一直处于领先地位，它的教育承袭了英国传统现代“学徒制”的教育体制，同时也保留了华人教育的精神。新加坡在努力发展正规教育的同时，也逐步建立了一套完善的职业教育体制。

新加坡职业教育的发展与其经济的发展密不可分。在新加坡工业化进程中，经济发展中的创举当属它的人力资源开发与培训计划。目前新加坡共有5所理工学院，这些学院为学生提供职前教育与培训课程，为他们的未来生活与就业做准备，使他们在毕业后能为新加坡的科技、经济及社会发展做出贡献。同时，新加坡教育部规定，所有理工学院都必须充分利用学校资源与专业特色，为企业提供人力资源开发课程及有关服务，以支持国家的经济发展和建设。

（1）政府对职业教育的大力扶持。新加坡政府十分重视人力资源开发，提出“职业教育普遍化，普通教育职业化”的现代教育思想，加快提高劳动者素质，确保产业结构调整与升级的顺利进行。新加坡职业教育组织机构健全、职能分工明晰，设立发展基金统筹支持职业教育，强化政府对职业教育的宏观调控与管理功能。

（2）重视教师队伍的强化与建设。新加坡教师队伍建设有如下特点：按照教师的工作能力与业绩进行职级的评定。其中最关键的是看教师从企业引进项目的数量，不受工作年限的限制，也没有职数的要求，只要你够优秀、有能力均可被评定为首席讲师或经理等。在这样的环境下，新加坡教师对教学更加专注，经常利用假期到企业引进项目。在新加坡，师范院校毕业生是不能直接进入职业院校进行教学的。新加坡的职业院校都会积极地到企业去挖掘并高薪聘请能力较强的企业精英来校执教，教师队伍的继续教育也落到实处。新加坡各职业院校的教师执行终身进修制度，即教师每年都要到企业从事专业项目的研究，帮企业做项目，或将项目引入学校，与同行和学生们一起研究并完成项目。这样教师就可以在实践中不断地充实自己，提高自身的教育教学能力。各院校还常为教师提供海外教学与学习的机会，使教师能与国际接轨，吸收其他国家先进的教学方法，促进他们给自己的学生带来更好的教学内容。

（3）注重学生创新创业能力的培养。新加坡职业院校注重将教学的重点更多地放在学生实践能力的培养上，以及角色模拟、企业考察等，只要有助于学生创新创业能力提升的方法，在教学中都会积极运用。另外新加坡企业愿意为学生提供更多与企业家及各种成功人士进行对话的机会，通过对话提高他们创新创业的兴趣，吸取创新创业的成功经验。另外还会聘请一些企业家、优秀的创业者到学校为学生进行讲座，学生可以将自己想要了解的内容都表达出来，也会为所遇到的困难或问题在企业家以及创业者身上得到详细的解答。

（4）课程设置涵盖面广。当下大多数企业都在向国际化发展，企业需要更多具有国际化能力的优秀人才的参与。为此，首先，新加坡的职业院校设置了许多国际化的课程，并采用更适用、更灵活、更科学的学分制度，甚至有些职业院校对课程的设置采用了校外评审制度，而评审人则由海外大学资深学者来担任。其次，在设置课程时，每个学期的教学中都会嵌入学期项目或毕业项目，让学生与企业早接触、多接触、深接触。最后，在日常教学过程中开设通识课程，这些课程不是培养学生的技术或专业知识，而是让学生得到更广泛的发展空间。如新加坡南洋理工学院的通识课程就包括穿插于整个大学三年的拓展专业类、生活技能类、语言文化类等选修和必修课，对学生进行品格塑造、开展国民教育，使其学会健康生活等。

五、中国香港特区和台湾地区职业教育概述

中国香港特区和台湾地区职业教育深受儒家文化的影响，有着明显的学术倾向，兼收并蓄西方现代职业教育的先进做法，形成了自己独特的职业教育体系。

1. 香港职业教育体系

香港在地区发展中逐步确立了工业、外贸、金融、建筑、房地产、旅游等多元化的经济结构，工业体系则发展了适合自身实际的轻纺加工、玩具、钟表、仪表、电子制造、服装等劳动密集型企业，同时利用独特的自由市场经济体制作用，通过不断的经济结构调整和技术升级来推动经济的持续发展。然而，香港自然资源极度贫乏，经济高度发展归根结底是靠“人才”。香港拥有一大批熟练的产业大军、灵活的劳动力市场和高素质的经营管理人才，而这一切主要是通过教育与培训，对人力资源的高度开发得以实现的。

香港职业训练局（Vocational Training Council，VTC）成立于1982年，是公营机构，职能包括建立工业教育及训练制度，制订、发展及推行训练计划，提供专业教育培训，颁发职业教育学历及资历证书（含本科学位、高级文凭、其他文凭、技工及技术员证书）等，是香港

实施职业教育管理最重要的机构。香港的职业教育现行学制架构，小学与内地相同，中学以上部分学制架构为“3+2+2+3”模式，即第一阶段3年（中一到中三），相当于内地初中；第二阶段2年（中四、中五），相当于内地的高中；第三阶段2年（中六、中七），是大学预科，中七毕业方可报考大学；第四阶段3年，为大学阶段。同时，中三至中五毕业或同等学力及其以上程度，也可进入专业教育学院或训练中心不同层次、不同类型的文凭课程班和证书课程班学习。为更好地与内地和国际教育接轨，有利于学生的发展和地区发展，香港特区政府已开展学制改革，于2009年秋季起，中学以上正式实施“3+3+4”新学制，即初中3年，高中延长为3年，取消大学预科班，大学为4年。

香港职业教育的特点主要体现在以下方面：

（1）明确方向，不断创新。香港在发展过程中不断创新，在政治经济不断变换的形势下，不仅从容面对，将挑战化为机遇，把打造亚太区卓越的专业教育与培训机构作为奋斗目标，让学员学到专业技术和知识的同时，也培养对学习的热忱，引领他们踏上成功之路。

（2）树立品牌，维持优势。建立全日制和资格培训相结合的资历架构，制定行业内每个级别需要的技能、资历，让年轻人以及在职人士清楚地看到自己进修及晋升的阶梯，实现终身学习。配合资历架构，职业训练局委托香港学术评审局进行院校办学质量评审和学科优势评审，通过评审检查和证明开设的课程是否符合当前市场的需要，并通过评审进一步优化专业结构和课程体系，从而确立品牌优势。

（3）以就业为导向，创立新的专业培训。为配合创意工业发展，培育世界级设计人才，成立了香港知专设计学院，学院的使命是要成为业内翘楚，提供具有国际水平的基础设计教育及持续进修课程。该学院提供的学科包括产品设计，室内设计，视觉传达、时装及纺织设计，印刷及数码媒体、电影、电脑游戏、玩具设计，首饰、钟表、眼镜及配饰设计等。

（4）特区政府主导，管理高效；条件保障，资源充裕；市场主导、办学灵活；目标明确，体系完善。香港特区政府十分重视职业教育，巨资投入、保障有力。2005—2006 年，香港职业训练局正常经费达 28.3 亿港元，其中特区政府直接拨款占 62.7%，其余为学费收入和其他收入。如全日制中华厨艺专业，每生每年培养培训成本高达 10 万港元。

（5）体系的完备性。香港职业训练局除下设专业教育学院、训练及发展中心等 20 个教育培训机构外，还设有 21 个训练委员会和 5 个一般委员会。这些委员会成员均由特区政府、教育、行业及其他社会人士参与组成。

（6）办学的社会性。香港职业训练局下属的各类教学与培训机构内的成员，都由来自各行业各阶层的代表、教育界的人士和特区政府有关部门的行政人员组成。这种由特区政府主导、社会支持、行业赞助协作共建职业教育的教学与培训机构，是香港职业教育发展较好的重要原因之一。

（7）内容的丰富性。香港职业训练局除专业教育学院、专业教育学科涵盖九大类之外，培训课程异常丰富：一是覆盖香港各行业岗位；二是覆盖各年龄阶段和层次的人员。香港职业训练局的培训计划（项目）种类繁多，如对入职前的人员有“展翅”计划、“天才再现”计划，对刚就业的人员有学徒训练计划，对大学毕业生有工科毕业生训练计划，对已从业人员有技能提升计划，还有新科技培训计划等。

（8）实用性强。香港职业教育与培训的宗旨十分明确，即适应社会实际需要。因此，香港的职业教育与培训走的是一条以达到经济与职业为目的的实用主义途径。注重实用、强调实践，已成为香港职业教育的显著特点。

（9）学制的灵活性。香港职业教育学制的灵活性主要体现在两个方面：一是香港职业训练局提供的“一条龙式”专业教育与培训，内部的学历衔接和升学途径十分明确；二是“多入学点”，只要有一定的基础，均可从任何相应的层级进入职业教育系统就读。可谓上下贯通、左右相连，以满足个人和社会业界需求的办学宗旨。

（10）香港职业教育提倡“全人发展”（即“德、智、体、群、美、事、情” 7 个方面）。香港职业教育中没有系统的德育课程，而且把生活行为教育也仅纳入“发挥学生潜能”的框架里，通过开设“实用生活技巧”课程，用体育、团队等课外活动补充代替。推行学长“启导计划”，鼓励及支持学生参加比赛，发挥创意潜能等形式，来达到训练人际关系沟通技巧、加强团队合作精神以及建立互助的学习环境的目的。

（11）强调工学结合，即校企合作。香港职业教育的校企合作没有固定的模式，各学系均有自主权，但具体做法大同小异，主要是以学生学习为中心、以课程内容为依据、以企业及社会效益为价值、以学校行政管理有效控制为原则。学生学习的内容，从专业可行性分析、课程设计、审批、施行、验证、检讨、更新，再回到分析，每一环节都要有企业人员参与，由他们提出意见，使教学成效提升。

2. 台湾职业教育体系

（ 1 ）台湾职业教育的特点。台湾职业教育贯穿于高中阶段和高中后各种层次、各种形式的职业教育以及大量从业人员的岗位培训，其发展对台湾地区经济的促进作用是举世公认的，被认为是台湾地区经济增长的主要因素之一。

台湾的职业教育被称为技术及职业教育，简称技职教育。台湾经过几十年的努力，成功地建立起与普通教育并重并立、上下衔接、相互沟通的独具特色的现代职业教育体系，该体系既吸纳了现代西方职业教育的先进理念，又充分体现了东方儒家文化崇尚读书、追求学历的传统思想。

（ 2 ）台湾发展职业教育的经验。

1）通过“行政立法”来保证职业教育的发展。由于长期受儒家文化思想的影响，台湾地区重学轻术思想根深蒂固，各个家庭不论贵贱贫富，都极尽所能供子女上学以求得最高学问。在人们的心目中，职业教育与普通教育相比处于二流教育地位，这一观念给台湾地区职业教育发展带来了很大阻力。

为了保证职业教育的发展，台湾地区采取的策略是通过当局的有关规定或有明显偏向的政策来推动职业教育的发展，通过体制创新来推动职业教育的发展。20 世纪 70 年代，为配合经济基层技术人力的需求，台湾地区大力发展职业教育，鼓励学生就读职校，并抑制普通高中的扩增，中等教育以发展职业教育为优先。同时为培养高级技术人才和满足家长对子女升学的要求，大量增设专科学校，成立技术学院，建立职业学校、专科学校、技术学院，开创了职业教育高学历的先河，为专科学生开辟了升学渠道。

2）完善的职业教育体系与学位制度为职业教育发展提供了广阔的发展空间。台湾的职业教育体系比较完备，该体系具有以下 3 个特点：

① 职业教育与普通教育互相沟通。学生在九年义务教育后分流进入高一级中学或五年制大专，高一级中学毕业后，又可以根据实际情况分流：普通高中毕业生既可以进入普通大学，也可以进入两年制专科、技术学院或科技大学四年制本科（四技班）学习。高级职业学校的学生毕业后既可以进入两年制专科、技术学院或科技大学四技班学习，又可以进入普通大学本科班学习，综合高中前两年学习普通高中课程，第三年根据升学和就业意向进行分流，毕业后再进入不同的高校学习或就业。二专毕业后可以进入技术学院或普通大学附设的二技本科班学习，五专毕业后可进入技术学院二技本科班学习，技术学院设有研究所，是研究生层次的高等职业教育机构。由此可见，台湾地区的职业教育和普通教育多次进行交叉，以满足不同群体对教育的需要，同时职业教育又自成一体，是和普通教育完全并行的另一教育体系。

②层次完备。台湾教育体系是普、职并列，职业教育在台湾的教育体系中拥有很高地位，独成一体，其技职教育包含 3 个阶层，即高

级职业学校、专科学校以及技术学院与科技大学。职业学校学制分为日间部、夜间部、建教合作班、实用技能班、特殊教育实验班、综合高中职业学校及补校等，专科学校学制分为二年制、三年制及五年制3种，二年制、三年制同时设有夜间部，其修业年限比日间部至少增加一年。技术学院与科技大学学制分为学士班、硕士班和博士班，学士班又分为二年制和四年制，均设有进修部在职班。教育层次比较齐全，由高职（中等职业教育）、专科（二专、五专）、本科（二技、四技）硕士和博士5个层次组成，上下衔接，与普通教育体系平行发展、齐头并进。

③学制合理。在学制上，高职为初中后三年制，专科分高中后二专、初中后五专，本科层次分二年制和四年制，硕士班学制1 ~ 4年，博士班2 ~ 7年。不同学制的设立，既有利于不同层次教育的衔接，也有利于满足不同层次学生接受不同层次教育的需求。

3）职业教育的规模、层次要随着社会经济的发展不断进行改革。台湾职业教育的宗旨是培养技术专门人才，配合经济建设需要，因而其规模和层次随不同时期的经济发展水平而有所不同。20世纪50年代，台湾为配合以农业培养工业、以工业发展农业的政策，积极扩充工、农职业教育。60年代，台湾技职教育配合其经济由农业转型工业发展，在培育技术人才方面，农业类学生数增长停滞，而工业及商业类学生数增长迅速，尤其是工业类呈现蓬勃发展态势，工业职业学校学生数在职业学校的学生数中达6%以上。另外，随着地区经济建设的蓬勃发展，产业结构逐渐由劳动力密集型转向技术密集型，20世纪60年代后期为提高技术人力的层次，设立了技术学院，而且提出了技术教育应有更多弹性，并建立系统，直至与大学平行的原则。20世纪70年代，随着台湾经济的快速增长，所需的技术人力极为庞大，职业教育原有结构已无法适应基层技术人才的需求，技职教育不但要求量的扩增，而且要求充实内容，提高人才素质。为配合经济的快速增长，科技的持续进步，技术人才层次的提高，台湾大量增设专科学校。此举开创了技职教育朝向高学历发展的先河，对于人才资源提升有很大益处，但也埋下技职教育以升学为导向的不利因素。20 世纪 80 年代，台湾地区经济处于工商业转型时期，技职教育根据需求全面进行调整，提升发展层次，积极增设专科学校及技术学院，以适应经济转型的需求。20 世纪 90 年代，为配合经济全面转型，促进产业升级，满足岛内对高等教育的需求，台湾当局积极调整职业教育体系，逐步扩大本科以上层次职业教育的规模，将部分专科学校改为技术学院，技术学院改为科技大学，同时规划设立社区学院，弹性调整及扩充职业教育学制，畅通学生进修渠道。同时修订职业教育有关规定，以适应社会的变迁，放宽办学弹性，促使技职教育配合地区需求。通过不断改革，台湾地区技职教育层次已经逐渐提高了层次，规模逐年扩大。据统计，1995 年以来，台湾科技大学由 0 所增至 15 所，技术学院由 7 所增至 56 所，大学附设二技院系由 2 所增至 37 所，专科学校由 74 所减至 15 所。

学习职业教育先进理念以提升教学实践水平

任秋君

先进的职业教育理念引领职业教育科学发展，世界各国的职业教育改革正方兴未艾。在改革中，政府与行业、学校与企业、教育与社会、职业与教学、学校与家长和学生的关系日益受到人们的重视，国内外相关研究也很活跃。2019 年 1 月 24 日，《国务院关于印发国家职业教育改革实施方案的通知》（国发〔2019〕4 号）提出，打造一批高水平实训基地，“积极吸引企业和社会力量参与，指导各地各校借鉴德国、日本、瑞士等国家经验，探索创新实训基地运营模式”。同时指出，多措并举打造“双师型”教师队伍，“定期组织选派职业院校专业骨干教师赴国外研修访学”。21 世纪以来，职业教育日益受到政府的重视，这为各职业院校实施“走出去，引进来”战略提供了政策支持。

一、基本情况

10 多年来，广州市交通技师学院坚持实施教师“走出去、引进来”行动方案，制订赴国外发达国家和国内发达地区的研修培训计划，据不完全统计，10 多年来共有教师 98 人次分别赴 10 个国家和我国香港特区、台湾地区研修培训。教师走出校门，赴国内外研修访学开阔了视野，这种境外交流没有地域的阻隔，没有年龄的代沟，教师怀揣着欣喜和向往，学习职业教育先进理念，提升教师教育水平和学校办学能力，提高教学质量，最终培养高素质的技术技能人才。

在研修访学培训期间，教师们先后参观了美国、英国、德国、澳大利亚、新西兰、日本、新加坡等国际上具有悠久历史、光荣传统的百年名校，这些国家的职业教育办学理念先进。他们也参观调研了与国际接轨的我国香港特区和台湾地区的职业培训机构。教师们通过实地参观、亲身感受、名师点拨和相互交流，感触很深、收获很大，既看到了发达的职业教育发展层次和水平，又明确了我们自己的工作差距，更坚定了我们学习先进职业教育经验、发挥学科专业带头人作用、提升职业教育工作水平的信心和决心。

教师们的研修访学培训，学习时间一般在 3 周左右，课程安排周密，所见所闻令人耳目一新，所思所想令人感慨颇多，给他们留下深刻的印象。回校后，每一位教师都撰写了一篇研修心得体会，学校召开座谈会，让他们谈收获、谈计划、谈行动、谈实践。

二、先进理念引领职业教育

在不同文化背景下，将职业、企业、工作过程等元素融入职业教育教学过程，能够呈现出制度差异性、内容复杂性、主体多样性等特点，但总体趋势是从重视产教融合的制度建设，强调基于行业企业标准评价的主客体，以及建立动态化的信息发布机制等方面入手，对接企业并服务于企业的人力资本需求，提高职业教育质量，主动顺应和适应现代产业发展的规律和要求。

在职业教育教材编写上，应重视核心价值，突出活动指引，呈现学法指引等，理顺职业活动与工作过程的纵横关系，形成内在结构；加强教材实用性，变“教”材为“学”材；大量采用真实照片，增强教材的可读性和感染力。

以下以“宝马售后英才教育项目”为例。一直以来，德国被认为是职业教育最发达和最完善的国家之一。而“双元制”是德国普遍采用的职业教育理念，它为德国企业培养了大批人才，并有效推动了德国经济的快速发展。宝马集团将德国成熟的“双元制”职业教育模式引入中国市场，并坚持前瞻性理念和创新思维，专注于培养专业人才，成为国内最早通过校企合作形式开展人才培训的高端汽车厂商。归纳起来，最主要的有以下几个方面：

（1）校企合作，企业可以按需选择合适的学校，充分利用学校的师资和场地，培养出来的学生有针对性地就业，增强了学校的办学效益和企业的人才竞争优势。

（2）相对于学校传统的职业教育而言，校企合作更注重有针对性的实践技能培养并能够被确切保证。

（3）在校企合作模式下，学生是在特定的工作环境中学习，使得学生和企业有了更多的交流机会，大大降低了他们培训后失业的风险。

（4）通过校企合作，学校的教师能够接触到最一线的培训理念与授课方式，掌握最先进的汽车技术。通过宝马中国培训学院阶梯式的培养和认证，提高了整个师资团队的教学水平，并使学校的汽车教育与汽车市场实现了真正意义上的无缝对接。

三、国际校企合作典型项目

无论国外多先进的职业教育理念，如果照搬照抄，到国内校园也会“水土不服”。国外的理念一定要与国内的实际情况相结合，才能走出一条有中国特色的职业教育新路子。广州市交通技师学院经过多年的探索和实践，在汽车技术运用领域，与国外大企业合作，走出了一条可行的有效的技能人才培养模式。

1. 宝马集团广州太和培训基地

2013 年 6 月 6 日，宝马集团广州太和培训基地开业仪式在广州市交通技师学院沙太校区隆重举行，广东电视台教育频道、广州电视台新闻频道、《南方日报》《广州日报》《羊城晚报》等 11 家知名媒体先后报道，南方网、车易网等 13 家知名网站报道或转载了开业盛况。

与世界著名高端汽车品牌宝马集团开展校企合作，是交通行业者的梦想。一直以来，广州市交通技师学院在校企合作方面的成果较为突出，宝马集团广州太和培训基地的成立，使学校在校企合作上又迈出的坚实一步。

广州市交通技师学院是广州市唯一一所以培养交通专业高技能人

宝马集团广州太和培训基地

才为主，集职业教育、职业培训、技能鉴定和就业服务为一体的多功能、多层次、具有交通行业背景的综合性职业教育、培训机构。2013年，学院以第一名的成绩被评为广东省首批“校企双制”示范创建院校。宝马集团广州太和培训基地正作为标准培训基地在全球推广。

宝马集团广州太和培训基地总投资2 000万元，主体楼分两层，建筑面积3 600平方米，与一般宝马4S店装修风格相似，带着典型的黑白灰色调，兼有中德建筑风格。一楼被白色墙体分成数个培训车间，宝马汽车的各项维修和养护都可以在这里找到示范，每个车间都停有至少两辆新款宝马车。

宝马中国培训学院总监肖奕告诉记者，广州太和培训基地硬件建设做得一丝不苟，“建筑的空调系统、地砖、布局、色调等元素与德国的培训基地几乎一模一样，宝马集团副总裁 Joachim Geissler 在参观时说，连培训基地里散发的气味也和德国的一样。”

肖奕还告诉记者，由于广州太和培训基地的建设与设计图纸一致，宝马中国培训学院有意把它作为标准培训基地在全球进行推广。

广州市交通技师学院与宝马集团的首次“触电”，源于2011年6月校企合作开设的 BEST 项目。BEST 项目也称为宝马售后英才教育项目（BMW Education of Service Technology），这是宝马集团在中国的一种创新“校企合作”项目，融合了德国“双元制”和中国的职业教育制度。

作为宝马一贯的风格，选择合作院校的标准和流程是非常严格的，包括对合作院校的师资能力、硬件设施条件的考察，另外还需要通过一定时期的磨合后，达成对宝马品牌以及文化理念的认同，最终促成长期、稳固且成功的合作，并保证人才培养的高品质。

双方的合作，经过几轮考察和洽谈，一路走来不容易。2011 年 6 月宝马中国培训学院第一轮来学校考察时，双方就被彼此的理念和价值观深深吸引和认同，正是这种认同，广州市交通技师学院顺利而又艰难地通过了四轮评估，终于在当年的 12 月签订了合作意向，同时开始了基地的筹建工作。2011 年的寒假，宝马中国培训学院选拔了 13 名教师，开始了全方位的培训。

就学校师资而言，广州市交通技师学院有 40 年历史，师资雄厚，教师有着丰富的教学经验和行业企业工作经历，在行业享有盛名。从汽车专业上衡量，学校早已与众多汽车品牌合作开办培训中心，如美国宣伟、东风标致雪铁龙、北京现代、东风本田、一汽奥迪等众多知名汽车品牌培训中心近年来陆续进驻校园，为该校汽车专业学生提供最真实的模拟工作室。广州市交通技师学院的师生还组装出多辆赛车，与企业合作成立专业的赛车队，参加专业的赛车比赛。

广州市交通技师学院与宝马集团携手合作，不仅是一个高端汽车品牌的培训基地进驻校园，更体现了学校、企业、学生三方共赢的“校企双制”机制。广东省主管技工教育的领导、专家称赞道，一直以来，广州市交通技师学院在校企合作方面的成果较为突出，宝马集团广州太和培训基地是学校在创建“校企双制”示范院校过程中拿下的首项成果。通过引入企业培训中心，学校可以与企业共同确定招工招生计划、制订人才培养计划、开展专业建设、开发课程体系、组建师资队伍和管理团队、实施教育教学改革、搭建管理队伍和进行考核评价等，为人才培养模式提供了一条更加有利的途径。

2. 宝马集团广州太和培训基地开设的科目和课程

广州市交通技师学院与宝马集团在培训基地、BEST 项目上的合作，是一次更为深入的合作。以 BEST 项目为例，它的课程设置严谨，目前是华南地区首家开设钣金喷漆项目的基地，在广州市交通技师学院开设的科目分为机电、钣金和喷涂三大类，周期为 2 ~ 4 个学期，时间跨度为 1 ~ 2 年。学生们的所有动手实践都可以在太和培训基地实现，甚至可以到全国宝马 4S 店顶岗实习，这对于有志于汽车行业的学生来说，是梦寐以求的机会。

科目 1：机电类单元一

场所：宝马机电技术实训一室。

功能：宝马机电技术单元一室是为宝马经销商员工、宝马机电类 BEST 学生和汽车类专业学生提供汽车发动机拆装、车辆维护与保养、车辆检测及诊断编程、机电工认证及机电专项训练等实训项目的一体化教学场所。

实训课程：

（1）汽车发动机认知、拆装及检修。

（2）汽车车辆维护与保养。

（3）汽车车辆检测与诊断。

（4）汽车机电工认证。

（5）汽车机电专项训练。

主要设备：

（1）ISID-R1（第一代诊断电脑）。

（2）IMIB-R1（第一代综合测量接口盒）。

（3）ISSS-NEXT（新一代编程电脑）。

（4）充电机。

（5）发动机。

（6）宝马整车。

（7）剪式举升机。

（8）交互智能平板电脑。

（9）通用工具及仪器。

科目 2：机电类单元二

场所：宝马机电技术实训二室。

功能：宝马机电技术单元二室是为宝马经销商员工、宝马机电类 BEST 学生和汽车类专业学生提供汽车轮胎拆装及检修、汽车空调检修、车辆维护与保养、车辆诊断及编程、车辆四轮定位、机电工认证及机电专项训练等实训项目的一体化教学场所。

实训课程：

（1）汽车轮胎拆装及检修。

（2）汽车空调检修。

（3）汽车车辆维护与保养。

（4）汽车车辆诊断及编程。

（5）汽车车辆四轮定位。

（6）汽车机电工认证。

（7）汽车机电专项训练。

主要设备：

（1）ISID-R1（第一代诊断电脑）。

（2）IMIB-R1（第一代综合测量接口盒）。

（3）充电机。

（4）发动机。

（5）宝马整车。

（6）四轮定位仪。

（7）扒胎机。

（8）轮胎平衡机。

（9）剪式举升机。

（10）四柱举升机。

（11）交互智能平板电脑。

科目 3：钣金（车身）类

场所：宝马钣金车身修复实训室。

功能：宝马钣金车身修复实训室是为宝马经销商钣金工及宝马钣金 BEST 学生及汽车钣金类专业学生提供车身外板小面积修复、大面积修复及钣金外板修复认证和钣金专项训练等实训项目，以提高学生对汽车车身外板修复能力的一体化教学场所。

实训课程：

（1）汽车车身外板小面积修复。

（2）汽车车身外板大面积修复。

（3）汽车钣金认证。

（4）汽车钣金专项训练。

主要设备：

（1）板件架。

（2）钳工台。

（3）介子机。

（4）钣金手工具。

（5）世达 7 层工具车。

科目 4：钣金（焊接）类

场所：宝马钣金焊接实训室。

功能：宝马钣金焊接实训室是为宝马经销商钣金工及宝马钣金 BEST 学生及汽车钣金类专业学生提供气体保护焊、电阻点焊及结构件更换认证等实训项目，以提高学生汽车车身焊接及焊接修复能力的一体化教学场所。

实训课程：

（1）电阻点焊。

（2）气体保护焊。

（3）结构件更换认证。

（4）汽车钣金认证。

（5）汽车钣金专项训练。

主要设备：

（1）钳工台。

（2）台虎钳。

（3）焊接台。

（4）焊接烟雾抽风口。

（5）气体保护焊机。

（6）电阻点焊机。

（7）世达 7 层工具车。

科目 5：喷涂类

场所：汽车喷涂实训中心。

功能：汽车喷涂实训中心是为汽车钣金、改装类专业学生提供旧漆打磨、羽状边制作、原子灰刮涂和打磨、中涂漆研磨、油漆调配、车身喷漆、漆面打磨、面漆烘烤、漆面缺陷处理等实训项目的一体化教学场所。

实训课程：

（1）羽状边制作。

（2）原子灰刮涂、打磨。

（3）中涂漆研磨。

（4）底漆喷涂。

（5）中涂漆喷涂。

（6）面漆喷涂。

主要设备：

（1）烤漆房。

（2）烤漆房尾气处理。

（3）HVLP 数字面漆喷枪。

（4）HVLP 水性漆喷枪。

（5）水性油漆吹风机套装。

（6）腰带连调节阀。

（7）烤灯。

（8）漆面打磨机。

（9）调漆机。

（10）压缩空气系统。

科目 6：喷涂（调色）类

场所：宝马喷漆调色实训室。

功能：宝马喷漆调色实训室是为宝马经销商喷漆工、宝马喷漆 BEST 学员及汽车钣金类专业学生提供油漆调配、颜色微调、色板喷涂等实训项目，以提高学生汽车调色能力的一体化教学场所。

实训课程：

（1）素色漆微调。

（2）银粉漆微调。

（3）油漆调配。

（4）宝马汽车喷漆专项训练。

主要设备：

（1）搅拌架。

（2）调色工作台。

（3）配色灯箱。

（4）烤箱。

（5）喷板柜。

（6）洗枪机。

科目 7：喷涂（前处理）类

场所：宝马喷漆前处理实训室。

功能：宝马喷漆前处理实训室是为宝马经销商喷漆工、宝马喷漆BEST学员及汽车钣金类专业学生提供旧漆打磨、羽状边制作、原子灰施工、中涂漆研磨、抛光和遮蔽等实训项目，以提高学生面漆前处理能力的一体化教学场所。

实训课程：

（1）羽状边制作。

（2）原子灰施工。

（3）中涂漆研磨。

（4）抛光打蜡。

（5）遮蔽。

（6）宝马汽车喷漆专项训练。

主要设备：

（1）板件架。

（2）费斯托中央集尘系统。

（3）红外烤灯。

（4）油水分离器。

（5）吹灰枪及气管。

（6）工作推车。

宝马集团广州太和培训基地自运营以来，为华南区域宝马授权经销商培养和输送优秀学生600余人，对外开展技术服务活动1 000余天，对外技术培训3 000余人次。学生毕业后可获得宝马相关初级或中级认证证书，证书含金量很高，所有学生都能在宝马4S店找到满意的工作。

3. 宝马集团广州太和培训基地的特色

（1）教学区规划和布局科学合理。宝马售后英才教育校企合作项目实训基地一般拥有3个技术培训单元，每个技术单元拥有2个区，一个理论教学区，一个实训教学区。在理论教学区布置了最多能容纳

16 人的桌椅，足够数量的针板、翻页板及投影仪。实训教学区布置了 2 个举升工位，每个举升机上均有 1 辆宝马实训车，每个工位上配置有工作台、工具车、整套常用工具，在每个工位前还配备有宝马专用的 ISID 和 IMIB 及液晶电视。经过认真细致地规划和布局，教学区可以完成宝马规定的所有教学任务。

（2）宝马售后英才教育与传统教学模式相比，校企合作项目实训基地理念先进。

1）在授课过程中如果遇到某些抽象的概念，可方便快捷地带领学生进入实训区，利用实车进行讲解。实操性很强的模块完全可以在实训区完成教学任务，这样有利于学生更快更好地理解和掌握涉及的重点和难点知识。理论区和实训区有分有合，理论区有利于纯信息的传递，实训区更加贴近实际生产。

2）采用小班化教学，最多人数为 16 人，实训区配备 2 个举升工位，且工位与工位之间留有足够学生通行和观摩的空间，同时还配备了 50 英寸的液晶电视用于投影专用检测仪的内容，这样无论学生是在车内检测还是在车外诊断车辆，其他学生都能非常清晰地观摩到每一个步骤，大大提高了示范教学的效果。

3）实训区提供了足够使用的整车，要求教学一切从实车出发、从生产实际出发，培养学生肯动手、敢动手的能力，提高学习兴趣，从而达到学校与企业实际生产零距离接轨的目的。

4）教学采用的媒体主要有翻页板和针板。翻页板主要用于布置任务，摆放时间长，更重要的是可以与学员互动式地进行回顾和总结。针板可以浏览相关重要信息，具备翻页板的所有功能，学员互动性强。而学校传统教学主要采用 PPT 和黑板传递知识，PPT 完全由教师掌控，几乎没有互动，且信息量大，传递方式比较单一。

（3）教师团队培养流程严谨。教师培养体系拥有符合宝马要求的教学场地还远远不够，还必须拥有完全符合宝马教学模式的教师，为此，宝马制定了一整套从教师选拔到培训再到最终认证的培养体系。

选拔阶段为了执行宝马的教师培养流程，各合作院校挑选出本校实力强的专业教师接受宝马的选拔，所有参选教师必须经过试讲、实操和理论考试三关，只有全部达标才能被最终确定为宝马的培养对象。这就需要教师平时在学校教学过程中夯实教学基本功，提高自身的实操能力，并具备良好的独立分析问题和解决问题的能力。通过选拔，还能检验专业教师的综合业务水平。

培养阶段为了使入选的教师感受宝马的企业文化，同时也为了严格执行宝马的培养流程，提高培训质量，宝马制订了教师培养计划。根据宝马的教师培养流程，一个完全符合宝马教学模式的教师必须经历 6 个月的成长周期，在这 6 个月时间内，教师们要在教学方式方法、技能水平、解决问题能力等方面得到综合提升。每一位教师的综合能力是否都能达到宝马集团的期望，最终还有一个检验环节——认证。通过为期 1 天的认证，可以准确地判断一个教师是否在授课风格、授课技巧等方面有所长进，更重要的是能否准确有效地传递宝马规定的每一个知识点。

经过如此严格的培训和认证之后，教师们都会发生一些质的变化：信息传递更加规范，授课技巧更加丰富，技能水平更加精炼，重点难点知识掌握更加准确，宝马尖端科技掌握更加全面，企业文化渗透更加深入。为了传递宝马最新技术，宝马集团每年都有大量的课程需要实时更新和改版，这些开发工作都由通过认证且教学经验丰富的教师来完成，这又奠定了在以后的课程传递过程中，教师们不仅能按照宝马的要求进行，同时还要具备一定的课程开发能力。据此进入该项目的教师可以获得比其他教师更多的培训机会，教学和开发能力也将会得到大大的提高。最大的优势就是可将这些成功的经验转嫁到学校的其他专业，辐射绝大部分专业教师，使学校的整体教学水平以及教师的课程开发能力再上一个台阶。学生培养体系为更好地给宝马经销商输送合格的高技能人才，单有符合宝马先进教学模式的教师还不够，在学生的选拔方面也必须非常严格，双管齐下。

（4）学生选拔和培养流程严格。以学生选拔流程为例，为让学生更好地了解宝马的企业文化，在“宝马日”当天会详细介绍宝马的历史、宝马的尖端技术及参观宝马基地等活动，让学生实地体验宝马的震撼和魅力。随后通过学生自愿报名、在校表现评估、能力测试、培训师面试和经销商招聘会等活动，再正式确定加入宝马的人选，正式加入宝马的学生被称为宝马学徒工，即宝马售后英才教育项目的最终授课对象。

学生从正式入选宝马到通过宝马培训学院的认证必须经历 3 个阶段，即在基地 2 个月的理实一体化学习阶段、宝马经销商 3 个月实践学习阶段和基地 1 个月的理实一体化再学习阶段。首先是在基地学习阶段，该阶段对学生有着严格的要求，每个单元授课人数最高不得超过 16 人，所授课程及时间也有严格的规定。在每一个模块教学之前，与传统教学的不同之处就是学徒工必须提前完成该模块的网络在线学习——自学课程，并达到一定的考核要求。当所有模块均考核合格后，学徒工将晋级到第二阶段——经销商实践学习。该阶段主要是让学生身临其境地参与到实际生产过程中，学习售后的维修经验，同时各经销商的内训师和师傅也会对他们有针对性地进行培训，目的是使他们能够尽快适应售后工作环境，将在基地所学更快地融入真实的生产中，尽早成长为合格的售后维修技师。为期 3 个月的实践学习阶段结束后，为能使学生的技能水平再上一个台阶，并将经销商实践中遇到的困难或感到缺乏的知识进行查漏补缺，宝马在整个流程中安排了第三阶段——基地 1 个月的理实一体化再学习阶段。

为真实地检验学生的理论水平和实战情况，宝马培训学院还制定了详细的认证流程。通过认证的学生将获得宝马培训学院颁发的技师证书，获得该证书的学生即可与原实践单位签订正式劳动合同，顺利晋级为正式员工，也可以直接进入宝马更高级别的课程学习、认证。

实践证明，学校通过国际企业合作获得了先进的人才培养和实训中心建设理念，提升了学校的整体教育教学水平；企业通过合作在得到了稳定的高质量人才储备的同时也减少了对人才培养的投入，具有一定的经济效益。

职业教育的最终目标和最大收获者是学生，作为校企合作的受益者，他们收获了一份满意的职业和一项引以为傲的技能。广州市交通技师学院将在现有基础上继续推进“校企双制”人才培养，开展校企合作，为广东地区经济转型发展和产业结构升级输送更多优质的技术技能人才。

从全国范围来看，BEST 项目自 2006 年起，至今已走过 13 年的历程。BEST 项目作为宝马中国人才培养的模式，将德国“双元制”教学模式转化为中国育人特色，该项目始终坚持着“课堂理论学习+经销商店内实践”的“双元制”教学方法，通过导师与学徒机制以及与地方职业院校合作办学等方式，不断完善和巩固宝马培训体系。

BEST 是宝马培训学院联手中国职业院校合作建立并运营的培训项目，旨在为中国职业院校优秀学生提供高端培训，传授尖端技术，并为学生创造良好的就业机会。项目中配备的所有设备及工具均和宝马经销商的配置完全一致，学生可获取最新、最全面的技术维修资料。该项目以人才培养为立项宗旨，始终坚持小班化、“双元制”教学，以宝马经销商员工能力为标准，结合宝马最新的技术和培训理念，通过系统培训，为经销商培养合格的企业员工。其中“双元制”是 BEST 最重要的特色，也是推行职业教育最成功的关键。目前，参与 BEST 项目合作的院校已达十多家，累计培养学员近万人，为汽车行业输送了大量产品知识与专业技能兼具的高素质高水平的技术维修人才。在近几年的新晋经销商员工中，将近 40% 来自这个项目。这些专业知识和实践技能兼备的高水平人才受到了行业的普遍欢迎。

4. 美国宣伟汽车涂料广州训练中心

美国宣伟汽车涂料在北京、上海、广州设立了 3 个训练中心，每个训练中心配有专业的培训讲师、齐全的设备，定期或不定期地为用户提供系统的培训，如喷涂培训、调色培训、前台估价、车间管理培训等，帮助客户解决实际操作中遇到的问题。

宣伟汽车涂料培训课程，是为了加强对中国市场汽车修补漆用户的支持，一般分为 6 个模块，全程培训时间为 15 天左右。培训课程分别是喷涂认证（3 ~ 4 天）、高级喷涂（3 天）、调色（3 天）、车厂管理（1 天）、前台接待（1 天）和原厂认证（4 ~ 5 天）。

校企共同开发教材

美国宣伟汽车涂料广州训练中心基地坐落在广州市交通技师学院校园内。

美国宣伟汽车涂料广州训练中心基地

场所：汽车美容与养护实训区

功能：汽车美容与养护实训区是为汽车维修类专业学生提供汽车清洗、汽车吸尘、汽车除渍、汽车除臭、汽车打蜡、漆面抛光处理、汽车漆面美容及车辆养护的一体化教学场所。

实训课程：

（1）汽车美容与养护。

（2）汽车认识。

（3）整车维护。

主要设备：

（1）教学车辆。

（2）压缩空气系统。

（3）洗车机。

（4）脱水机。

（5）吸尘器。

（6）抛光机。

（7）蒸汽消毒剂。

（8）臭氧消毒机。

（9）汽车美容用品。

广州训练中心培训内容主要从喷漆的理论和实操出发，对学员进行理论知识的强化，同时结合学员的现有调色和喷涂手法进行归纳指正，进一步提升了他们的喷涂专业技能和快速处理、解决问题的能力，让学员真正学以致用。例如，2018 年 7 月 16—20 日，在广州训练中心，宣伟汽车为吉利领克南区经销商店开设了为期 5 天的喷涂和颜色培训，共有 11 家领克站参加了本次培训。培训主要内容有：

（1）油漆基础知识和颜色基础知识介绍。

（2）施工标准工艺流程介绍和实操。

（3）日常工作中常见的喷涂缺陷问题的预防和补救措施。

（4）调色理论和实操，以及面漆修补时的注意事项。

（5）喷涂设备日常使用和维护保养。

本次为期 4 天的喷涂培训，由浅入深、循序渐进，在加强通用经销商技工基础理论知识的同时，进一步提升他们的操作技能。通过本次高强度、密集的理论和实操培训，学员们深入学习、取长补短、收获颇丰。

四、技师学院发展展望

我国技师学院自从诞生以来，至今走过了 16 个年头，为我国经济社会发展提供了有力的技术技能人才支撑，服务行业企业一线生产的发展能力和社会吸引力不断增强。但是，与境外发达国家和地区职业教育相比，我国技师学院还存在着体系建设不够完善、职业技能实训基地建设有待加强、制度标准不够健全、企业参与办学的动力不足、有利于技能人才成长的配套政策尚待完善、办学和人才培养质量水平参差不齐等问题。

2019 年 1 月 24 日，国务院颁布了《国家职业教育改革实施方案》(以下简称《实施方案》)。《实施方案》明确指出："职业教育与普通教育是两种不同教育类型，具有同等重要地位。""随着我国进入新的发展阶段，产业升级和经济结构调整不断加快，各行各业对技术技能人才的需求越来越紧迫，职业教育重要地位和作用越来越凸显。"《实施方案》为我国技师学院改革发展指明了方向。笔者在《现代职业教育的探索与实践》一书中提出这样一个观点，"技师学院是一种新类型的教育"。①

当前，全国教育领域认真学习贯彻落实《实施方案》。2019 年全国两会代表热议教育改革，与会代表展开了广泛交流与讨论，为推进职业教育改革发展建言献策。《实施方案》明确新时期职业教育发展战

①杨敏，任秋君．现代职业教育的探索与实践［M］．上海：上海交通大学出版社，2013.

略，以需求为导向探索政策突破，各地结合《实施方案》的落地，转变思路、勇于创新、破解难题。

第一，《实施方案》开宗明义，提出职业教育是类型教育，与普通教育具有同等重要地位。广东省作为经济较为发达的地区，已连续29年GDP位居全国第一。2018年《广东省人民政府办公厅关于深化产教融合的实施意见》提出构建教育和产业统筹融合发展格局。因此，各技师学院应以《实施方案》为契机，勇于突破旧框架，主动试点新项目，争取在全国领先一步。

第二，《实施方案》提出了育训结合、"1+X"证书、学习成果转换等一系列改革措施。其中，"1+X"证书可以为技师学院学生走向社会提供更多帮助。未来几年，希望技师学院上等级上台阶，在学历和技能等级方面，培养具有大学层次的技师。世界职业教育的发展态势是往高端走，过去那种低端的职业教育已经跟不上产业的发展需求。

第三，《实施方案》提出了产教融合校企双元育人。企业应与职业院校统筹资源，共建实体性实训基地，联合开发岗位标准化课程，打通企业优秀技术人员学历提升通道，形成校企互动的良性机制。

第四，《实施方案》对职业教育师资队伍实践能力提出明确要求。今后职业院校相关专业教师应具有3年以上企业工作经历。鉴于当前企业优秀技工待遇高于职校教师的收入，应进一步提高职业教育教师岗位吸引力，推动这项政策落地。

回顾技师学院发展，全国第一所技师学院的诞生，是在2003年全国人才工作会议召开后，在此背景下国家出台一系列政策，鼓励各地大力培养高技能人才，由此各省以省政府文件出台各省的技师学院设置标准，技师学院应运而生。经过技师学院的实践探索，为规范技师学院设置，促进学院建设和发展，保证教育和培训质量，提高办学效益。依据国家有关法律法规，人力资源和社会保障部制定了《技师学院设置标准（试行）》，于2012年1月31日以人社部发〔2012〕8号印发，共23条，自颁布之日起施行，由此国家统一了技师学院的设置标准。

笔者于2004年入职技师学院工作，对于技师学院发展改革与创新，有一些基层的体会和认识。技师学院最核心的目标任务，是培养高技能人才，如何培养，怎样培养，最关键的是教师队伍建设。为此，技师学院改革创新应该抓好如下8个关键问题。

第一，技师学院要营造教育和培训结合的教学环境。目前技师学院的创新意识和创新驱动不是很强。由于惯性的作用，技师学院还是停留在技工学校的惯性思维模式上，不太提倡技术技能创新。现在有了世界技能大赛项目，稍微好了一些，起码对于学校来说，有一个抓手，可以推动技能与教学的互促互动。今后应把世界技能大赛的成果有效转化为教学标准，要瞄准构建大赛标识解析体系等领域，系统布局前沿技术，推动形成技术技能研究和产业发展应用互促互进的良好局面。在技师学院中大力倡导工学一体化教学学术、技能竞赛学术、实操实训学术，教师形成这样的学术氛围，工作就会有盼头、成就感和归属感。这样，教育和培训结合的教学环境就形成了。

促进产教融合校企“双元”育人，改革创新中国特色的“双元制”培养人才模式。所谓“双元制”培养人才模式是指“互联网+技师学院教育”与“互联网+工厂教育”，推进实体技师学院和实体工厂建设，构建技师学院和实体工厂教学物联网，校企共同研究制定人才培养方案，及时将新技术、新工艺、新规范纳入教学标准和教学内容，强化学生实习实训。健全专业设置定期评估机制，健全专业教学资源库，建立共建共享平台的资源认证标准和交易机制，进一步扩大优质资源覆盖面。运用现代信息技术改进教学方式方法，推进虚拟工厂等网络学习空间建设和普遍应用。

第二，技师学院要成为技术技能创新主体。比如，当前发达国家将发展工业互联网作为关键，新兴经济体以此为契机希望打造新的“世界工厂”。新的“世界工厂”，必然需要新的“工人”，必然在加速工业互联网应用推广的过程中，企业的信息化、数字化普及将形成新的协同创新体系。在这个过程中，必然会催生一批新的技术技能，这些都需要教师及时跟踪企业技术进步，新的技能需要有积累的过程。否则，学生会认为，在学校里学的东西都是过时的、没有用的。笔者到4S店维修汽车，经常碰到已毕业的学生，他们说“学校学的东西在工作中没有很多的用处”。因此，在工业互联网加速制造业向智能化转型的时代，技师学院要以提高质量、创新体制和办出特色为目标，服务于社会发展与民生需求。贴近企业，接近行业，与产业相融相通，才能培养适合新的“世界工厂”的新“工人”、新“高端技能人才”。

第三，完善技师学院教学标准和毕业生质量标准。严把教学标准和毕业生质量标准两个关口。将标准化建设作为统领技师学院改革创新发展的突破口，为服务现代制造业、服务业、农业发展和职业教育现代化提供制度保障与人才支持。建立健全学校专业设置、师资队伍、教学教材、信息化建设、安全设施等办学标准，引领职业教育服务发展、促进就业创业。落实好立德树人的根本任务，健全德技并修、工学结合的育人机制，完善评价机制，规范人才培养全过程。深化产教融合、校企合作、育训结合，健全多元化办学格局，推动企业深度参与协同育人，扶持鼓励企业和社会力量参与举办各类职业教育。推进资历框架建设，探索实现学历证书和职业技能等级证书互通衔接。

发挥标准在职业教育质量提升中的基础性作用，按照专业设置与产业需求对接、课程内容与职业标准对接、教学过程与生产过程对接的要求，完善技师学院设置标准，实施教师和校长专业标准，提升技师学院教学管理和教学实践能力。持续更新并推进专业目录、专业教学、课程、顶岗实习、实训条件建设标准（仪器设备配备规范）及其在技师学院落地实施。

第四，推进技师学院高质量发展。把发展技师学院作为优化高等教育结构和培养大国工匠、能工巧匠的重要方式，使城乡新增劳动力更多接受技师学院教育。技师学院要培养服务区域发展的高素质技术技能人才，重点服务企业特别是中小微企业的技术研发和产品升级，加强社区教育和终身学习。建立技师学院考试制度，完善“文化素质+职业技能”的考试招生办法，提高生源质量，为学生接受高等职业教育提供多种入学方式和学习方式。在学前教育、护理、养老服务、健康服务、现代服务业等领域，扩大对初中毕业生实行中高职贯通培养的招生规模。启动实施中国特色技师学院和专业建设计划，建设一批引领改革、支撑发展、中国特色、世界水平的技师学院和骨干专业（群）。根据高等学校设置制度规定，将符合条件的技师学院融入高等教育序列。

第五，完善技师学院人才培养体系。完善学历教育与培训并重的技师学院教育体系，畅通技术技能人才成长渠道。发展以职业需求为导向、以实践能力培养为重点、以产教融合为途径的技师培养模式，加强技师培养。推动具备条件的技师学院向高等技师学院转变，培养具有“大学专科学历+技师技能等级证书”的高技能人才。

探索长学制培养高端技术技能人才，鼓励技师学院开办“技术类型+技能类型”高等级课程，以技能大赛和产教融合互通互动，探索长学制培养高端技术技能人才。推动专业课程多样性，引入行业企业和技能大赛标准，第三方评价，促进教学标准与行业企业和技能大赛标准有机衔接。

深化复合型技术技能人才培养培训模式改革，借鉴国际职业教育培训普遍做法，制定工作方案和具体管理办法，启动“1+X”证书制度试点工作。试点工作要进一步发挥好学历证书作用，夯实学生可持续发展基础，鼓励职业院校学生在获得学历证书的同时，积极取得多类职业技能等级证书，拓展就业创业本领，缓解结构性就业矛盾。技师学院院内实施的职业技能等级证书主要是高级以上证书，应能反映职业活动和个人职业生涯发展所需要的综合能力。

第六，开展高质量教育与职业培训，实现学习成果的认定、积累和转换。技师学院要落实实施学历教育与培训并举的法定职责，按照育训结合、长短结合、内外结合的要求，面向在校学生和全体社会成员开展职业培训。根据技师成长规律和产业布局，重点面向先进制造业、现代服务业、战略性新兴产业，推动技师学院在技术技能人才紧缺领域大力开展职业培训。引导行业企业与技师学院深度融合参与技术技能人才培养培训，促进技师学院加强专业建设、深化课程改革、增强实训内容、提高师资水平，全面提升教育教学质量。

实现技师学院学习成果的认定、积累和转换。在国家“学分银行”建设的大框架下，探索建立技师学院个人学习账号，实现学习成果可追溯、可查询、可转换。有序开展学历证书和职业技能等级证书所体现的学习成果的认定、积累和转换，为技术技能人才持续成长拓宽通道。对接技师学院学历教育并取得毕业证书的学生和取得若干职业技能等级证书的社会成员，在完成规定内容学习后依法依规取得大学专科学历证书。

第七，打造校企命运共同体，探索创新实训基地运营模式。学校和企业都是由人组成的社会群体，虽然社会职责和分工不同，但目的是一样的，都是推动经济社会的向前发展。推动技师学院和行业企业形成命运共同体，首先是推动人的合作、团队的合作，可从技术技能创新团队的合作做起。技师学院根据自身特点和人才培养需要，主动与具备条件的企业在人才培养、技术创新、文化传承等方面开展合作。在国家政策层面，校企双方落实各自资源要素参与校企合作而获得红利和报酬。比如，校企双方可获得智力、专利、教育、劳务等报酬，企业按规定落实相关税收政策，按投资额一定比例抵免该企业当年应缴教育费附加和地方教育费附加，这样在国家政策推动下，技师学院和行业企业形成命运共同体。

探索校企命运共同体的实训基地运营模式。在政策引导下，政府、企业和技师学院建设一批资源共享，集实践教学、社会培训、企业真实生产和社会技术服务于一体的高水平职业教育实训基地。这些实训基地，一方面，要面向先进制造业等技术技能人才紧缺领域，统筹多种资源，建设若干具有辐射引领作用的高水平专业化产教融合实训基地，推动开放共享，辐射区域内学校和企业。另一方面，鼓励校企共建一批校内实训基地，提升重点专业建设和校企合作育人水平。同时积极吸引企业和社会力量参与，提高实训基地规划、管理水平，为社会公众、职业院校在校生取得职业技能等级证书和企业提升人力资源水平提供有力支撑。

第八，切实贯彻落实《实施方案》，多措并举打造“双师型”教师队伍。按照《实施方案》要求，从 2019 年起，技师学院相关专业教师原则上从具有 3 年以上企业工作经历并具有高职以上学历的人员中公开招聘，特殊高技能人才（含具有高级工以上职业资格人员）可适当放宽学历要求，2020 年起基本不再从应届毕业生中招聘。加强技师学院建设，优化结构布局，引导一批高水平技师学院与国家大型或特大型企业联合办学。实施教师素质提高计划，建立“双师型”教师培养培训基地。

认真贯彻落实《实施方案》，探索组建高水平教师教学创新团队。教师每年至少 1 个月在企业或实训基地实训，落实教师 5 年一周期的全员轮训制度。教师分工协作进行模块化教学。定期组织选派职业院校专业骨干教师赴国外研修访学。在职业院校实行高层次、高技能人才以直接考察的方式公开招聘，建立健全职业院校自主聘任兼职教师的办法，推动企业工程技术人员、高技能人才和职业院校教师双向流动。职业院校通过校企合作、技术服务、社会培训、自办企业等所得收入，可按一定比例作为绩效工资来源。只要一步步地认真落实《实施方案》，高素质高水平“双师型”教师队伍的建成指日可待。

五、结语

职业院校的教师“走出去”学习境外先进职业教育理念，开阔视野，增强教师教学方式方法的交流能力，对更好地把境外先进职业教育理念融入教育教学设计中，提高教育教学实践能力具有十分重要的意义。本书选择 20 多位教师赴美国、英国、德国、新西兰、日本、新加坡等国家和我国香港特区、台湾地区研修访学，教师在多元文化中体验，在体验中认知建构，在认知建构中实现“走出去”的研修学习目标。回到学校后，这些赴境外研修的教师，把学到的先进理念、方法和教学设计“引进来”，让更多的教师了解境外职业教育先进理念，带动本校教学改革。经过多年的实践，境外先进的理念与本土文化相结合，进学校、进课堂，形成自己的特色，受到学生的欢迎。宝马BEST项目广州太和培训基地、美国宣伟涂料广州训练中心等校企合作项目成效好、影响大，实现共建、共享产教融合培养技术技能人才，并将逐步形成中国特色的“双元制”教育培训人才模式。实践证明，自从学校把境外先进职业教育理念引入教学之后，经过努力改造与学校优秀传统文化相结合，让“行者”精神在全体师生心中扎下根，学校、企业、教师、学生等多方受益，受到社会广泛好评，获得了学生和家长的赞誉，培养的学生获得了行业企业的认同。

后 记

本书是“技师学院教育实践研究丛书”中的一册，许多教师很荣幸有机会参与，这也算是教师们送给广州市交通技师学院建校40周年的一份礼物。

学校最初想法是出版一册教师优秀论文集，后几经酝酿和反复讨论，最终结果是学校应以建校40周年为契机，以技师学院教学管理与实践为背景，组织教师编撰出版一套研究丛书，更能反映学校取得的成绩，树立学校新形象。

确定了丛书主题，学校把这个任务交给我来负责，具体策划和编写丛书提纲，组织编撰小组分别承担各分册资料的收集和整理。各分册主编还要依据各分册的内容，撰写相关章节内容，充实和丰富各册主题，完善各册书籍内容以及达到公开出版的要求。

学校发展的40年历程，间接地见证了国家改革开放40周年。在这个伟大的新时代，广州市交通技师学院立足广州地区、放眼全国、走向世界。特别是21世纪以来，广州市交通技师学院积极探索新时代职业教育发展的新理论、新方法、新路径，取得了一定的经验和成绩，归结起来就是在政府的正确领导下，在职业教育大力发展的背景下，学校改革创新，为广州市行业企业提供技术技能人力资源支持，为地区经济社会服务。

2019年是新中国成立70周年。70年来，特别是21世纪以来，职业教育日益得到政府和社会各界的广泛关注，在党和政府的高度重视和政策支持下，我国的职业教育和职业培训得到了空前的发展，以职业活动为导向、以职业能力为核心，与学历文凭并重的人力资源开发体系已经确立。本书围绕新时代的现代职业教育发展，以教师赴境外研修访学的所见、所学、所思，主要介绍了7个国家和我国香港特区、台湾地区的职业教育背景、理论和管理，以及职业教育的最新技术和方法。

本书的特色和价值体现在3个方面：

一是多样性和先进性，广泛吸收了教师赴境外职业教育多个领域的研修访学的最新成果。

二是地域性，赴国外研修访学的地域包括欧洲、北美洲、大洋洲、亚洲，赴国内先进地区包括我国香港特别行政区和台湾地区，都是当今职业教育较为发达的地方。

三是实用性，书中的各篇文章是由职业院校一线骨干教师所写，接地气、真实性强、可操作性强，并且有中国特色的成功实践经验和优秀案例，可读性强、易于推广应用。

本书的编写提纲和结构内容由我提出，前期文章收集和资料初步整理由张智琴老师初审，全书由我统稿审定。

本书得以编辑成书并付梓出版，首先，应该感谢广州市交通技师学院的领导和踊跃投稿的教师，是他（她）们付出的辛勤劳动，才得以成书、惠及后人。其次，应当感谢中国劳动社会保障出版社的编辑同志，他们对本书的编辑工作付出了很大的精力。

本书编撰时间紧迫，又是由一线教师兼任，在教学任务比较繁重和紧张的情况下，教师们加班加点，加上编者个人能力、水平有限，书中肯定有许多不足之处，敬请读者批评指正，以期修改完善。

任秋君

2019年7月